T0272115

BIBLIOTECA
**AUGUSTO
CURY**

NUNCA
RENUNCIES
A TUS SUEÑOS

AUGUSTO CURY

Nunca renuncies a tus sueños

Una puerta abierta a la felicidad

OCEANO

NUNCA RENUNCIES A TUS SUEÑOS
Una puerta abierta a la felicidad

Título original: NUNCA DESISTA DE SEUS SONHOS

© 2004, 2022, Augusto Cury

Traducción: Pilar Obón

Diseño de portada: Departamento de Arte de Océano
Imagen de portada: Getty Images / Marco Bottigelli
Fotografía del autor: © Instituto Academia de Inteligência

D. R. © 2022, Editorial Océano de México, S.A. de C.V.
Guillermo Barroso 17-5, Col. Industrial Las Armas
Tlalnepantla de Baz, 54080, Estado de México
info@oceano.com.mx

Primera edición en Océano: 2022

ISBN: 978-607-557-669-5

Impreso en México / Printed in Mexico

Dedicatoria

Dedico este libro a alguien especial:

_____

Que tu vida sea un crisol de oportunidades.
El sueño más grande de todos es ser feliz,
y ser feliz no es ser perfecto,
sino usar tus lágrimas para irrigar la tolerancia,
usar tus fallas para corregir el rumbo,
usar tu empuje para correr en pos de tus proyectos.
Cuando equivoques el camino, no renuncies.
Da siempre una nueva oportunidad, a ti y a los demás.
Recuerda: ser feliz es aplaudir la vida
incluso ante los abucheos.

Agradecimientos

Agradezco a mi padre, Salomón, por haber creído en mí y enseñarme a soñar con la medicina y con la ciencia, incluso cuando yo lo decepcionaba en la escuela. Agradezco a mi madre, Ana, por su riquísima humildad y sensibilidad. Ella me enseñó a observar con los ojos del corazón.

Agradezco a mi esposa, Suleima, por haberme estimulado a nunca renunciar a mi sueño de producir una nueva teoría sobre el funcionamiento de la mente y haber creído que ésta podría contribuir a la expansión de la ciencia y al enriquecimiento de la humanidad. "Al lado de un gran hombre, hay una gran mujer." Yo no soy un gran hombre, pero tengo una gran mujer.

Agradezco a mis tres hijas, Camila, Carolina y Claudia, por los besos diarios, por el cariño y la paciencia que siempre han tenido conmigo. No debe ser fácil ser la hija de un psiquiatra, investigador y escritor. Estoy enamorado de ellas hasta el límite de mi entendimiento.

Agradezco la amabilidad del personal de la Editora Sextante y a mis amigos y editores Geraldo (*in memoriam*) y Regina (los padres) y Marcos y Tomás (los hijos). Ellos son una familia encantadora. Son poetas del mundo editorial. Al revisar este libro, Regina estaba tan inspirada por su contenido que deseó que sus nietos tengan muchos sueños y que nunca renuncien a ellos.

Agradezco a Dios por prestarme a diario el corazón que late, el oxígeno que respiro, el suelo en el que camino y los millones de cosas para que yo exista. Él soportó mi escéptico ateísmo, me llevó a encontrar Su firma detrás de la cortina de la existencia y me hizo percibir que Su sueño de ver a la especie humana unida, fraterna y solidaria es el más grande de todos los sueños.

Agradezco a cada uno de mis millones de lectores de varios países. Para mí, ustedes son joyas únicas en el teatro de la vida. Gracias por existir. El mundo necesita personas que lean, desarrollen el arte de pensar y sueñen con una humanidad mejor.

Índice

Prefacio. Los sueños alimentan la vida, 13
Introducción. Los sueños abren las ventanas
   de la inteligencia, 19

1. El mayor vendedor de sueños de la historia, 31
2. Un soñador que coleccionaba derrotas, 63
3. El sueño de un pacifista que enfrentó al mundo, 95
4. Un soñador que deseó cambiar los fundamentos
   de la ciencia y contribuir con la humanidad, 119
5. Nunca renuncies a tus sueños, 175

Bibliografía, 195

Prefacio

Los sueños alimentan la vida

Una vida sin sueños es una mañana sin rocío, un cielo sin estrellas, una mente sin creatividad, una emoción sin aventuras. Los sueños no determinan el lugar adonde vamos, pero producen la fuerza necesaria para sacarnos de donde estamos. Sin embargo, no pueden ser solitarios, necesitan enamorarse de la disciplina. Los sueños sin disciplina producen personas frustradas, y la disciplina sin sueños produce personas autómatas, que sólo obedecen las órdenes de los demás.

Sueños y disciplina: he ahí el maridaje perfecto para el éxito. Divorciar los sueños de la disciplina: he ahí la receta infalible para el fracaso. Al distanciar los sueños de la disciplina, los ejecutivos perderán la capacidad de reinventarse, los profesionistas independientes se quedarán sin ánimo para actualizarse, las mujeres fragmentarán su autoestima, los jóvenes permanecerán enviciados en el mundo digital y se convertirán en meros consumidores de productos y servicios.

Soñar con tener una empresa sustentable, con ser un profesionista brillante, con tener excelentes amigos, con conquistar una pareja inteligente y amable, con tener hijos para irrigar nuestra historia y con conocer los misterios de la vida son aspiraciones que deben dominar el territorio de nuestra mente. Pero, entre todos ellos, el sueño más relevante que debemos buscar es la salud emocional. Sin ella, la tranquilidad formará parte de los diccionarios, pero no de nuestra existencia; el sentido de la vida se convertirá en un espejismo y la felicidad será una utopía.

Sin salud emocional, los empresarios han empobrecido con grandes sumas de dinero en el banco, las parejas se han desgastado y los padres han perdido a sus hijos incluso bajo su cuidado. Para tener salud emocional es necesario comprender que la vida es un contrato sin cláusulas definidas. Pérdidas y ganancias, elogios y frustraciones, aplausos y abucheos forman parte de la trayectoria de todo ser humano. Por eso, debemos proteger la mente, gestionar la ansiedad, trabajar las pérdidas; en fin, tener resiliencia.

¿Qué es la resiliencia? Es la capacidad de preservar la integridad ante las adversidades. Y, sobre todo, aprender a proteger la propia emoción. Sin filtros, la mente se convierte en tierra de nadie, se aprisiona fácilmente dentro de sí misma. La seguridad de un ser humano no se mide por la inteligencia, por el dinero, por el poder político o por los guardaespaldas que le cuidan, sino por la capacidad del Yo para proteger su emoción. Protegerla es usar el dolor para pulir la paciencia, usar la angustia para refinar la tolerancia, usar las fallas para corregir el rumbo.

Pero ¿cómo ser resilientes si nuestro Yo, que representa la consciencia crítica y la capacidad de elección, no está entrenado ni equipado para lidiar con las tempestades de la vida? Profesionales de todo el mundo se forman en las más diversas universidades, pero no están preparados para los desafíos socioprofesionales y existenciales, no saben qué hacer con sus fracasos, sus crisis, su caos y sus decepciones. Fueron preparados para navegar en cielos despejados, pero no para enfrentar los terremotos emocionales.

En este libro conocerás historias de personajes increíbles, como el Maestro de maestros, Abraham Lincoln, Martin Luther King, Beethoven, que fueron heridos, despreciados, incomprendidos, que atravesaron los sórdidos valles de las pérdidas, de las humillaciones, del escarnio y de las burlas. Si no hubieran aprendido a tener resiliencia no habrían sobrevivido; no sólo hubieran desarrollado enfermedades mentales, sino también habrían enterrado sus sueños en los suelos del dolor, de las crisis y de las dificultades.

Muchos registran ventanas traumáticas (*killer*) ante las ofensas y las injusticias. Es normal. Pero gravitar en torno a esas ventanas es enfermizo. Tener un Yo que se revuelca en el fango del pasado refleja su necesidad neurótica de rumiar resentimientos y frustraciones. Eso nos convierte en rehenes de nuestra historia, y no en sus autores.

Vale la pena vivir la vida, incluso cuando el mundo parece derrumbarse a nuestros pies. Para eso, debemos usar nuestros sueños a fin de templar la existencia, nuestros dolores para construirnos y no para destruirnos. Debemos gritar en silencio que los mejores días están por venir, enfrentar los periodos más tristes de la vida no como puntos finales sino como "comas" para continuar escribiendo nuestra trayectoria.

Por desgracia, la juventud está perdiendo la capacidad de soñar. Los jóvenes tienen muchos deseos, pero pocos sueños. Los deseos no resisten las dificultades, pero los sueños son proyectos de vida, sobreviven al caos. Sin embargo, la culpa no es de los jóvenes. Los adultos crearon un invernadero intelectual que les destruyó la capacidad de soñar. Están enfermando colectivamente: son agresivos, pero introvertidos; quieren mucho, pero se satisfacen poco.

Si los sueños son pequeños, pequeña será su visión, sus metas serán limitadas, sus objetivos serán diminutos, su capacidad de soportar las tormentas será frágil. La presencia de los sueños transforma a los miserables en reyes, y su ausencia convierte a los millonarios en mendigos. La presencia de los sueños hace jóvenes a los viejos, y su ausencia hace viejos a los jóvenes.

Los sueños traen salud a la emoción, equipan al frágil para ser autor de su historia, renuevan las fuerzas del ansioso, animan a los deprimidos, transforman a los inseguros en personas de excepcional valor. Los sueños hacen que los tímidos se llenen de osadía y que los derrotados sean constructores de oportunidades. Una mente saludable debería ser una fábrica de sueños, pues éstos oxigenan la inteligencia e inundan la vida de placer y sentido.

Este libro fue escrito para todos los que necesitan soñar (niños, jóvenes, padres, profesionistas) y no sólo para psicólogos y educadores. Habla de la ciencia de los sueños, de la mente de los soñadores, de la personalidad de quienes nunca renunciaron a sus sueños. Y, sobre todo, enseña a pensar. Probablemente, al leerlo, volverás a pensar tu vida.

También verás parte de mi historia en esta obra: crisis, rechazos, dificultades, algunas lágrimas que derramé y otras que no tuve el valor de llorar. Pero creo que las lágrimas son "comas" invertidas. Cuando el mundo se derrumbó sobre mí tuve que ser un comprador de comas para seguir componiendo mi historia... Todos los soñadores escribieron sus mejores capítulos en los días más dramáticos. Espero que tú formes parte de ese equipo.

Augusto Cury,
julio de 2015

Introducción

Los sueños abren las ventanas de la inteligencia

¿Quién puede descifrar al ser humano? Un paciente culto me dijo cierta vez que era capaz de enfrentarse a un perro bravo, pero se moría de miedo con las mariposas. ¿Cuáles son los riesgos reales que produce una mariposa?

Ninguno, a no ser encantar a los ojos con su belleza. El conflicto de ese paciente no son los peligros reales exteriores, sino los peligros imaginarios. Su drama no es generado por la mariposa física, sino por la mariposa psicológica registrada de manera distorsionada en los sótanos de su memoria.

Cuando era niño, su madre le dijo que si tocaba una mariposa con las manos y se las llevaba a los ojos, se quedaría ciego. Cuando el pequeño tocó una mariposa, su madre gritó. El grito de alerta se cruzó con la imagen de la mariposa. Ambos estímulos fueron registrados en el mismo lugar del inconsciente, en la misma ventana de la memoria. La bellísima e inofensiva mariposa se convirtió en un monstruo.

Durante su infancia, cuando ese paciente miraba una imagen de una mariposa bailando graciosamente en el aire, se detonaba un gatillo psíquico que abría, en milésimas de segundos, la ventana de la memoria en donde estaba registrada la imagen enfermiza. La mariposa imaginaria era liberada de su inconsciente, le asaltaba la emoción y le robaba la tranquilidad.

El gran problema es que siempre que tuviera una experiencia angustiante ante las mariposas, ésta quedaría registrada nuevamente, contaminando innumerables otras ventanas de la memoria. Cuantas más áreas enfermizas estuvieran comprometidas en su inconsciente, más reaccionaría él sin racionalidad. Si ese paciente no reescribe su historia, podría convertirse en una persona fóbica, frágil, sin capacidad para luchar por sus sueños y con tendencia a padecer otros innumerables tipos de miedos.

El mecanismo que acabamos de describir es uno de los secretos de la psicología. Tardamos más de un siglo para comprenderlo. A través de la teoría de la inteligencia multifocal, estamos desvelando algunos fenómenos contenidos en los bastidores de nuestra mente que afectan todo el proceso de construcción de pensamientos y dan origen a los traumas mentales. No es la realidad concreta de un objeto lo que importa en nuestra personalidad, sino la realidad interpretada, registrada.

Para algunos, un ascensor es un lugar de paseo; para otros, un cubículo sin aire. Para unos hablar en público es una aventura; para otros, un martirio que obstruye la inteligencia. Para unos, las derrotas son lecciones de vida; para otros, un sofocante sentimiento de culpa. Para unos, lo desconocido es un jardín; para otros, una fuente de pavor. Para unos, una pérdida es un dolor insoportable; para otros, un golpe que pule el diamante de la emoción.

Todos creamos monstruos que destruyen sueños

¿Cuántos monstruos imaginarios fueron archivados en los subsuelos de tu mente, robándote el placer de vivir y destruyendo tus sueños? Todos tenemos monstruos que están escondidos detrás de nuestra gentileza y serenidad.

La manera en que enfrentamos los rechazos, las decepciones, los errores, las pérdidas, los sentimientos de culpa, los conflictos en las relaciones, las críticas y crisis profesionales puede dar origen a la madurez o a la angustia, a la seguridad o a los traumas, a los líderes o a las víctimas. Algunos momentos generarán conflictos que cambiarán nuestras vidas, aunque no nos demos cuenta.

Algunas personas ya no vuelven a levantarse después de ciertas derrotas. Otras más nunca tuvieron el valor de mirar al horizonte con esperanza después de sus pérdidas. Muchas personas sensibles fueron encarceladas por la culpa, se volvieron rehenes de su pasado después de cometer ciertos errores. La culpa las asfixió.

Algunos jóvenes extrovertidos perdieron para siempre su autoestima después de ser humillados públicamente. Otros perdieron la primavera de la vida porque fueron rechazados por sus defectos físicos o por no tener un cuerpo que correspondiera al patrón enfermizo de belleza dictado por los medios.

Algunos adultos ya jamás se levantaron luego de atravesar una grave crisis financiera. Hay hombres y mujeres que perdieron el romanticismo después de fracasar en sus relaciones afectivas, de ser traicionados, incomprendidos, heridos o no amados.

Hay hijos que perdieron la vivacidad en la mirada después de que uno de sus padres cerró los ojos a la existencia. Se sintieron solos en medio de la multitud. Muchos niños perdieron su ingenuidad luego de la separación traumática de los padres. Fueron víctimas inocentes de una guerra que nunca entendieron. Cambiaron los juegos por un llanto oculto y ardiente.

La complejidad de la mente humana nos hace transformar una mariposa en un dinosaurio, una decepción en un desastre emocional, un ambiente cerrado en un cubículo sin aire, un síntoma físico en un pronóstico de muerte, un fracaso en un objeto de vergüenza.

Es preciso que resolvamos nuestros monstruos secretos, nuestras heridas clandestinas, nuestra oculta locura (Foucault, 1998). Nunca debemos permitirnos olvidar que los sueños, la motivación, el deseo de ser libres nos ayudan a superar esos monstruos, a vencerlos y utilizarlos como siervos de nuestra inteligencia. No tengas miedo del dolor, ten miedo de no enfrentarlo, criticarlo, emplearlo.

Todos somos complejos y complicados

En mi trayectoria como científico de la psicología y psiquia-tra clínico me convencí de que nada es tan lógico como el ser humano y nada es tan contradictorio como él. Podemos crear extremos en el teatro de nuestras mentes: el drama y la sátira, el pánico y la sonrisa, la fuerza y la fragilidad.

Somos tan creativos que cuando no tenemos proble-mas, los inventamos. Algunos son especialistas en sufrir por cosas que ellos mismos crearon. Otros tienen motivos para ser alegres, pero mendigan el placer. Poseen grandes cuentas en los bancos, pero están endeudados hasta la mé-dula en su ser. Son ansiosos, están estresados.

Gandhi comentó con sensibilidad: "Aquello que piensan, pasa a ser". Lo que pensamos afecta la emoción, infecta la memoria y genera miserias mentales. Nunca hubo tantos pobres en autos importados, trabajando en grandes oficinas, viajando en avión, apareciendo en las portadas de revistas. Quien es esclavo de sus pensamientos no es libre para soñar.

Ser complicado no es un privilegio de una persona, de un pueblo, de un grupo social, de una franja de edad. Adul-tos y niños, psiquiatras y pacientes, intelectuales y alum-nos son complicados, tienen momentos en que se irritan por pequeñas cosas, sufren innecesariamente. Unos más, otros menos.

Es imposible estar libre de contradicciones e incohe-rencias. ¿Por qué? Porque tenemos una emoción compleja que influeye en la lógica de los pensamientos, las reaccio-nes y actitudes humanas.

Cualquier persona que anhele la perfección será apta para convertirse en una computadora, pero no en una persona completa. No debemos irritarnos por ser tan complicados. Si, por un lado, nuestros dolores de cabeza surgen en el campo que extrapola la lógica, las maravillas de nuestra inteligencia también surgen en esa esfera.

Nuestra capacidad de amar, de tolerar, de jugar, de crear, de intuir, de soñar, es una de las maravillas que se manifiestan en una esfera que sobrepasa los límites de la razón. Todas las personas que son muy racionales aman menos y sueñan poco. Los sensibles sufren más, pero aman más y sueñan más.

Inspiración y transpiración

Los sueños no siempre son definidos ni están bien organizados en el teatro de la mente. A veces nacen como pequeños trazos, simples esbozos, ideas vagas que se van dibujando y tomando forma a lo largo de la vida. Todos los grandes cambios de la humanidad en el campo social, político, emocional, científico, tecnológico y espiritual florecieron a causa de grandes sueños.

Para tener grandes sueños y producir cambios importantes en la sociedad no es necesario poseer características genéticas superiores o privilegios de los genios.

Thomas Edison creía que las conquistas humanas se componen de uno por ciento de inspiración y 99 por ciento de transpiración. El inventor de la "luz exterior" tuvo una luz interior. Creo que su principio tiene fundamento, pero necesita una corrección.

Creo que las conquistas dependen en un 50 por ciento de inspiración, creatividad y sueños, y 50 por ciento de disciplina, trabajo arduo y determinación. Son dos piernas que deben caminar juntas. Una depende de la otra; en caso contrario nuestros proyectos se convertirán en espejismos, nuestras metas no se concretarán.

Quien quiera alcanzar la excelencia en sus estudios, en sus relaciones afectivas y en su profesión tiene que liberar la creatividad para ser un soñador, y liberar el valor para ser un emprendedor. Estos dos pilares contribuyen a formar el carácter de un líder.

Los secretos de quienes cambiaron la historia

La mayor genialidad no es aquella que viene de la carga genética ni la que es producida por la cultura académica, sino la que se construye en los valles de los miedos, en el desierto de las dificultades, en los inviernos de la existencia, en el mercado de los desafíos.

Muchos soñadores desarrollaron áreas nobles de su inteligencia, áreas que todos están en condiciones de prosperar. Atravesaron turbulencias casi insuperables. Soportaron presiones que pocos tolerarían. Vivieron días de ansiedad, se sintieron pequeños ante los obstáculos.

Algunos fueron tildados de locos; otros, de tontos. Algunos recibieron burlas, otros fueron discriminados. Tenían todos los motivos para renunciar a sus sueños y, en ciertos momentos, hasta de la propia vida. Pero no lo hicieron. ¿Cuáles fueron sus secretos?

Hicieron de la vida una aventura. No se dejaron aprisionar por la rutina. Claro, es imposible escapar de ella. En muchos momentos, es incluso un calmante necesario. Pero esos soñadores pasaron por lo menos 10 por ciento de su tiempo creando, inventando, descubriendo.

Tuvieron una visión panorámica de la existencia en tiempos nublados. Fueron emprendedores, estrategas, persuasivos, amigos del optimismo. Fueron sociables, observadores, analíticos, críticos.

Tomaron decisiones, trazaron metas y las ejecutaron con *paciencia*. Para el filósofo Kant, "la paciencia es amarga, pero sus frutos son dulces". La paciencia es el diamante de la personalidad. Muchos discurren sobre ella, pocos son sus amantes. Pero quienes la conquisten cosecharán los más excelentes frutos.

Para Plutarco, "la paciencia tiene más poder que la fuerza". No midas a un ser humano por su poder político o financiero. Mídelo por la grandeza de sus sueños y por la paciencia en ejecutarlos. Pero la paciencia necesita otro remo para conducir el barco de los sueños. ¿Cuál?

Necesita del *coraje* para correr riesgos. Los mayores riesgos para quien sueña son las piedras del camino. Tropezamos con las pequeñas piedras y no con las grandes montañas. Quien está controlado por los riesgos y por los peligros de las jornadas no tiene resistencia emocional. Renuncia pronto. ¿Tú tienes esa resistencia?

Epicuro creía que "los grandes navegantes deben su reputación a los temporales y a las tempestades". Si tienes miedo de las tempestades, nunca navegarás por los mares desconocidos. Jamás conquistarás otros continentes.

Aquellos que transformaron sus sueños en realidad aprendieron a ser líderes de sí mismos para después guiar al mundo que los rodeaba. Tenían una ambición positiva, querían transformar su sociedad, su empresa, su espacio afectivo. Eran personas inconformes tanto con los problemas sociales como con sus desgracias mentales.

Sus sueños se convirtieron en realidad porque obtuvieron un combustible emocional que jamás se apagó, ni siquiera al atravesar lluvias torrenciales. ¿Cuál es ese combustible? *La pasión por la vida, el amor por la humanidad.* Fueron dominados por un deseo incontrolable de ser útiles a los demás. Quien vive para sí mismo no tiene raíces internas.

Es posible destruir el sueño de un ser humano cuando él sueña para sí, pero es imposible destruir su sueño cuando sueña para los demás, a no ser que le quiten la vida. Los dictadores jamás destruyeron los sueños de quienes soñaron con la libertad de su pueblo. Los dictadores murieron, las armas se oxidaron, pero los sueños de quien anhela ser libre no se destruyeron.

Buscando el oro en los escombros de las derrotas

En este libro realizaré un análisis abierto, libre y crítico sobre el funcionamiento de la mente de cuatro personajes que construyeron sueños bellísimos y que hicieron soñar a los demás. Elegí cuatro personajes apasionados por la humanidad, y que pasaron por momentos en que fueron desacreditados, excluidos, heridos, considerados locos, tontos, temerarios.

Atravesaron el territorio del miedo y escalaron los peñascos de las dificultades. Se cayeron en el camino, se hirieron, pero siguieron andando cuando muchos no creían que se levantarían.

Tenían todo para no lograrlo, pero brillaron. No eran especiales por fuera, pero buscaron piedras preciosas en las ruinas de sus traumas. ¿Tú sabes buscar el oro en tus conflictos?

La mayoría de los adultos en la actualidad habría renunciado a sus sueños y enfermado mentalmente si hubiera vivido una pequeña parte de los trastornos que esos personajes soportaron.

Muchos jóvenes renunciarían ante semejantes obstáculos. La juventud no está preparada para vivir en esa sociedad estresante. Los jóvenes tienen que desarrollar urgentemente resistencia intelectual y emocional para soportar pérdidas, derrotas, humillaciones, injusticias.

Lo que diferencia a los jóvenes que fracasan de los que tienen éxito no es la cultura académica, sino la capacidad de superar las adversidades de la vida.

Estudiaremos las reacciones de esos cuatro personajes ante sus derrotas, veremos su capacidad de superación, su aptitud para ser líderes de sí mismos, su coraje para correr riesgos, sus talentos intelectuales, su intuición, su visión multifocal de la realidad.

Muchos otros personajes merecerían ser descritos aquí, como Buda, Confucio, Dostoievski, Kant, Montaigne, John Kennedy, Gandhi, Thomas Edison o Einstein, porque fueron grandes soñadores. No los analizaré por falta de espacio, pero usaré las ideas de varios de ellos para ayudarme en la ardua tarea de interpretar.

Creo que al analizar la mente de los cuatro personajes elegidos estaré diseccionando algunos principios fundamentales que cimentaron la inteligencia de los grandes soñadores de todas las épocas. Tendremos una visión global (Morin, 2000) sobre la formación de pensadores.

Las historias que reconstruiré están basadas en hechos reales. No tengo la intención de escribir una biografía de los cuatro personajes, así que rara vez mencionaré fechas. Seguiré apenas una secuencia de los hechos más importantes en aras de mi interpretación.

El pasado es una cortina de cristal. Felices los que observan el pasado para poder caminar en el futuro. Comprenderemos juntos, como un científico que analiza las reacciones de esos personajes en algunos eventos determinantes de sus vidas.

Quedaremos sorprendidos de sus historias. Creo que ellas nutrirán nuestra inteligencia, nos estimularán a desenterrar nuestros sueños y nos darán las herramientas para poder reconstruirnos.

Vamos a adentrarnos en el mundo espectacular que produce las pesadillas y construye los sueños.

1
El mayor vendedor de sueños de la historia

Pequeños momentos que cambian una historia

Los pequeños detalles cambian una vida. Un marido besó a su esposa y le dijo que estaba hermosa. Hacía tiempo que no lo hacía. La había herido sin darse cuenta. Su pequeño gesto reeditó una ventana de la memoria de ella donde había un resentimiento oculto. La alegría volvió. Durante toda la vida, necesitamos gracia y gentileza (Platón, 1985).

Un padre elogió a un hijo. El elogio partió del corazón del padre y penetró en los rincones de la emoción del hijo, oxigenando la relación que hacía tiempo estaba desgastada. Un beso, un elogio, un abrazo dados en el transcurso de un segundo son capaces de superar un dolor alojado por semanas, meses o años.

Los que desprecian los pequeños acontecimientos nunca harán grandes descubrimientos. Los pequeños momentos cambian los grandes rumbos. Fue eso lo que sucedió hace muchos siglos en la vida de algunos jóvenes que vivían a la orilla de la playa de un país explotado y castigado por el hambre. Pequeños momentos cambiaron la manera de pensar la existencia. El mundo ya nunca fue el mismo.

La personalidad construida sobre el rumor de las olas

El viento rozaba la superficie del mar, que levantaba el espejo de agua y producía el nacimiento de las olas en un espectáculo sin fin. Las olas formaban diariamente su espuma y rompían orgullosamente contra la orilla de las playas.

Algunos niños crecieron corriendo por la arena. Atrapaban las burbujas que se formaban con el estallido de las olas. Las burbujas brillaban en las palmas de sus manos, pero pronto se reventaban, se disolvían y se escurrían entre sus dedos, como si dijeran: "Yo pertenezco al mar". Levantando el semblante hacia el mar, los chiquillos decían en secreto: "Nosotros también le pertenecemos".

Así era la vida de esos jóvenes. Sus abuelos habían sido pescadores, sus padres fueron pescadores y ellos eran pescadores y morirían siendo pescadores. Su historia estaba cristalizada. ¿Sus sueños? Olas y peces.

Soñaban con los cardúmenes. Sin embargo, los peces escaseaban. La vida era ardua. Tirar de las pesadas redes en el mar era extenuante. Soportar toda la noche los embates de los vientos fríos y de las olas rebeldes no era para cualquiera. Y lo peor, el resultado los frustraba. Cabizbajos, reconocían el fracaso. El mar, tan grande, se convirtió en una piscina de decepciones.

Todos los días encaraban la misma rutina y los mismos obstáculos. Querían cambiar de vida. Pero les faltaba valor. El miedo a lo desconocido los bloqueaba. Era mejor tener muy poco que correr el riesgo de no tener nada, pensaban.

Por la mente de esos jóvenes no debían pasar inquietudes sobre los misterios de la vida. La falta de cultura y la lucha por la supervivencia no los estimulaban a realizar grandes vuelos intelectuales. Para ellos, vivir era un fenómeno común y no una aventura indescifrable.

Nada parecía cambiarles el destino hasta que surgió en su camino el mayor vendedor de sueños de todos los tiempos.

Una invitación perturbadora

Algo nuevo quebró la rutina de aquellas bandas. Había un hombre que había vivido por treinta años en un desierto. Sus discursos eran extraños; sus gestos, desconcertantes. Parecía delirar en su singular modo de vivir. Estaba obsesionado con la idea fija de que era el precursor del hombre más importante que jamás pisaría la Tierra.

Su nombre era Juan, apodado el Bautista. Lo que parecía extraño es que no conviviera con la persona que anunciaba, pero que había ocupado su imaginación. Hacía discursos elocuentes a las márgenes de un río, describiendo a aquel hombre con la precisión de un cirujano.

Multitudes se aproximaban para atestiguar el espectáculo de sus ideas. Él tuvo el valor de decir que el hombre al que esperaba era tan grande que él mismo no era digno de desatarle las correas de las sandalias. Las personas quedaban perplejas con esas palabras.

¿Cómo podía un rebelde ante los patrones sociales, que no tenía pelos en la lengua, que no tenía miedo de decir lo que pensaba, elevar a tales alturas a alguien que no conocía? ¿Qué hombre sería aquel que Juan anunciaba en sus discursos?

Esos discursos dibujaban, en el escenario de la mente de los oyentes, las más diversas imágenes. Algunos creían que el hombre anunciado aparecería como un rey, con vestiduras magnificentes. Otros imaginaban que se presentaría como un general acompañado de una gran escolta. Otros incluso pensaban que era una persona riquísima que vendría en un elegante carruaje, con un séquito de innumerables sirvientes. Todos lo aguardaban ansiosamente.

A pesar de la diversidad de las fantasías, la mayoría estaba de acuerdo en que el encuentro con él sería memorable. Todos esperaban un discurso arrebatador. De repente, al calor del atardecer, cuando los ojos confundían las imágenes en el horizonte, surgió discretamente un hombre sencillo, de origen pobre. Nadie lo notó.

Sus vestiduras eran andrajosas, sin ninguna elegancia. Su piel estaba deshidratada, seca y surcada de arrugas, resultado del arduo trabajo y de la prolongada exposición al sol. No tenía escolta ni carruaje, ni se acompañaba de sirvientes.

Procuraba pasar entre la multitud. Tocaba a las personas con suavidad, pedía permiso y poco a poco ganaba su espacio. A algunos no les gustó, otros fueron indiferentes a su actitud.

Súbitamente, sus miradas se cruzaron. Juan contempló al hombre de sus sueños. Quedó arrebatado por la imagen. La imagen de la fantasía de las personas no coincidía con la real. Juan observaba lo que nadie veía y, para asombro de la multitud, exaltaba particularmente a aquel hombre sencillo.

Las personas se sintieron confundidas y decepcionadas. Si la imagen les impactó, esperaban por lo menos que sus oídos se deleitaran con el más excelente discurso. Después de todo, el hambre y los conflictos sociales eran enormes. Necesitaban aliento.

Sin embargo, el hombre de los sueños de Juan entró mudo y salió callado. El sueño de la multitud se disipó como las gotas de agua erosionadas por el sol del Sahara. Desilusionadas, las personas se dispersaron. Se sumergieron nuevamente en su tediosa rutina.

Algunos jóvenes oyeron hablar de los sueños de Juan, pero estaban demasiado ocupados con su propia supervivencia. Nada los animaba, a no ser el grito del cuerpo suplicando pan para saciar el instinto. El mar era su mundo.

No había nada diferente en el aire. De repente, dos hermanos levantaron la mirada y vieron a una persona distinta caminando por la playa. No le dieron importancia. Los pasos del desconocido eran lentos y firmes. El transeúnte se acercó. Los pasos se silenciaron. Sus ojos se enfocaron en los jóvenes.

Incómodos, ellos intercambiaron miradas. Entonces, el extraño rompió el silencio. Levantó la voz y les hizo la propuesta más absurda del mundo: "Venid conmigo, que yo os haré pescadores de hombres".

Nunca habían oído tales palabras, que perturbaron sus paradigmas. Se metieron con los secretos de sus almas. Hicieron eco en un lugar que los psiquiatras no logran escudriñar. Penetraron en el espíritu humano y generaron un cuestionamiento sobre el significado de la vida, sobre el valor de la lucha.

Todos, en algún momento de la existencia, deberíamos cuestionar nuestras vidas y analizar aquello por lo que estamos luchando. Quien no logra elaborar este cuestionamiento será un siervo del sistema, vivirá para trabajar, cumplir obligaciones profesionales y sólo sobrevivir. Al final, sucumbirá en el vacío.

Los nombres de los hermanos que escucharon esta invitación eran Pedro y Andrés. La rutina del mar había ahogado sus sueños. Su mundo tenía pocas leguas. Pero se les apareció un vendedor de sueños que les incendió el espíritu. Con una oración, los estimuló a trabajar para la humanidad, a enfrentar el océano impredecible de la sociedad.

Jesucristo no había llevado a cabo ningún acto sobrenatural; sin embargo, su voz tenía el mayor de todos los magnetismos, porque vendía sueños. Vender sueños es una expresión poética que habla de algo que es invendible. Él distribuía un bien que el dinero jamás podrá comprar. El Maestro de maestros cuestionaba los fundamentos de la psicología.

¿Quién se arriesgaría a seguirlo?

Piensa un poco. ¿Por qué seguir a ese hombre? ¿Cuáles son las credenciales de quien hizo la propuesta? ¿Qué implicaciones sociales y emocionales tendría ésta? El vendedor de sueños era un extraño para los dos hermanos. No tenía nada palpable que ofrecer a esos jóvenes.

¿Tú aceptarías una oferta así? ¿Dejarías todo para entregar tu vida en pro de la humanidad? Jesús no prometió caminos sin accidentes, noches sin tempestades, éxitos sin pérdidas. Pero prometió fuerza en la tierra del miedo, alegría en las lágrimas, afecto en la desesperación.

Seguirlo parecía una locura. Tendrían que explicarles su actitud a familiares y amigos. Pero ¿cómo explicar lo inexplicable? Pedro y Andrés fueron atraídos por el vendedor de sueños, pero no entendían las consecuencias de sus actos. Sólo sabían que cualquier barco, aunque fuera el más grande de los navíos, era demasiado pequeño para contener sus sueños.

Poco después, el Maestro de la vida encontró a otros dos hermanos, más jóvenes e inexpertos. Eran Santiago y Juan. Ellos estaban a la orilla de la playa, remendando las redes. A su lado se encontraban su padre y los empleados. El Maestro se acercó a ellos, los miró fijamente y les hizo la misma intrigante invitación.

No los persuadió, no los amenazó ni los presionó, sólo los invitó. Fueron cinco segundos que cambiaron sus vidas. Fueron cinco segundos que abrieron las ventanas de la memoria que contenían años de ansia por la libertad y por el libertador de la oprimida nación.

Zebedeo, el padre, quedó maravillado ante la actitud de sus hijos. Escurrían lágrimas en su rostro y dudas en su alma. Él tenía barcos. Era un comerciante. Su esposa era una mujer ambiciosa. Quería que sus hijos fueran prósperos en el territorio de Galilea. Pero alguien vino y les ofreció el mundo, los llamó a trabajar en el corazón humano.

Dejarse convencer de que él era el Mesías era una tarea ardua. Él no podía ser tan común, despojado, sin pompa ni comitiva. Los empleados, impresionados, perdieron el aliento.

El padre, al ver la osadía de sus hijos y observar sus ojos brillantes como perlas en busca de los más excelentes sueños, les dio su bendición. Tal vez haya pensado: "Los jóvenes son rápidos para recibir y rápidos para regresar; pronto volverán al mar".

La vida es un contrato de riesgo

Basta con estar vivo para correr riesgos. Riesgo de fracasar, de ser rechazado, de frustrarse consigo mismo, decepcionarse de los demás, de ser incomprendido, ofendido, reprobado, de caer enfermo. No debemos correr riesgos irresponsables, pero tampoco debemos temer explorar terrenos desconocidos, respirar aires nunca antes aspirados.

Vivir es una gran aventura. Quien queda preso en un capullo por miedo a los accidentes de la vida, además de que no los elimina, siempre estará frustrado. Quien no tiene audacia y disciplina puede alimentar grandes sueños, pero éstos serán enterrados en los suelos de su timidez y en los escombros de sus preocupaciones. Estará siempre en una desventaja competitiva.

Los jóvenes galileos tuvieron el valor de responder a la invitación de Jesucristo. Su personalidad tenía muchos defectos, pero comenzaron a ver el mundo de otra manera. Abrieron el abanico de la inteligencia.

No sabían dónde dormirían ni qué comerían, sólo sabían que el vendedor de sueños indicaba que quería cambiar el pensamiento del mundo. No sabían cómo realizaría su proyecto, pero no querían quedarse lejos de ese sueño.

Pero ¿quién fue más audaz? ¿Los discípulos al seguir a Jesús, o Jesús al elegirlos? El material humano es vital para el éxito de cualquier emprendimiento. Una empresa puede tener maquinaria, tecnología, computadoras, pero si no tuviera personas creativas, inteligentes, motivadas, que sepan prevenir los errores, trabajar en equipo y pensar a largo plazo, ésta podrá sucumbir.

Veamos el material humano que el vendedor de sueños escogió y cuáles son los riesgos que él corrió. Sólo haré una síntesis de las características de personalidad de algunos discípulos.

El equipo elegido por el Maestro de maestros

Mateo tenía una pésima reputación. Era un publicano, un recaudador de impuestos. En aquella época, los recaudadores de impuestos eran famosos por su corrupción. Los judíos los odiaban porque los recaudadores estaban al servicio del Imperio romano, que los explotaba. Mateo era una persona sociable, le gustaban las fiestas y probablemente usaba dinero público para promoverlas.

Tomás tenía la paranoia de la inseguridad. Sólo podía creer en lo que tocaba. Era rápido para pensar y más rápido para desacreditar. Se movía según la lógica, le faltaba sensibilidad e imaginación. El mundo tenía que girar en torno a sus verdades, impresiones y creencias. Desconfiaba de todo y de todos.

Pedro era el más fuerte, determinado y sincero del grupo. Sin embargo, era inculto, iletrado, intolerante, irritable, agresivo, inquieto, impaciente, indisciplinado, no soportaba que le llevaran la contraria. No era emprendedor y, como muchos jóvenes, no planeaba para el futuro, vivía solamente en función de los placeres del presente.

Sus descalificaciones no paraban ahí. Era hiperactivo e intensamente ansioso. Imponía, y no exponía, sus ideas. Trabajaba mal sus frustraciones. Repetía los mismos errores con frecuencia. Si hubiera vivido en los tiempos actuales, sería un alumno que todo maestro querría ver en cualquier lugar del mundo, menos en su salón de clases. Pero fue uno de los elegidos. ¿Tú tendrías el coraje de escogerlo?

En el momento en que su Maestro fue arrestado, el clima era tenso y desprovisto de racionalidad. Había una escolta de cerca de trescientos soldados en el lugar. Impulsivo, Pedro cortó la oreja de un soldado. Su reacción casi provoca una carnicería. Todos los discípulos estuvieron en riesgo de morir por su actitud irreflexiva.

Juan era el más joven, amable, servicial y altruista. Sin embargo, también era ambicioso, irritable, intolerante, intempestivo. No sabía ponerse en el lugar de los demás ni pensar antes de reaccionar. No sabía proteger su emoción ni filtrar los estímulos estresantes.

Aspiraba a ocupar la mejor posición entre los discípulos. Pensaba que el reino de Jesús era político, y por eso, después de una reunión familiar, su madre suplicó al Maestro, en el auge de la fama, que cuando instalara su gobierno uno de sus hijos se sentara a su derecha y el otro a su izquierda. Los cargos inferiores pertenecerían a los demás.

La personalidad de Juan era paradójica. Era sencilla y explosiva, amable y fluctuante. Jesús los llamó a él y a su hermano Santiago, *boanerges*, que significa "hijos del trueno". Cuando eran confrontados, reaccionaban agresivamente.

A pesar de haber escuchado incansablemente el discurso de Jesucristo sobre poner la otra mejilla, amar a los enemigos, perdonar tantas veces como fuera necesario, Juan tuvo el coraje de pedir al propio Jesús que destruyera con fuego a los que no seguían con ellos.

Judas Iscariote era moderado, comedido, discreto, equilibrado y sensato. No hay elementos que indiquen que se trataba de una persona tensa, ansiosa e inquieta. Nunca adoptó una actitud agresiva o insensata. Jamás fue reprendido por su Maestro.

Sabía cómo manejar la contabilidad, y por eso cuidaba del dinero del grupo. Era un zelote, pertenecía a un grupo social de refinada cultura. Probablemente era el más elocuente y el más pulido de los discípulos. Mostraba preocupación por las causas sociales. Actuaba silenciosamente.

Los discípulos ante un equipo de psicólogos

Si un equipo de psicólogos especialistas en evaluación de la personalidad y desempeño intelectual analizara la personalidad del equipo elegido por el Maestro de maestros, probablemente todos serían reprobados, con excepción de Judas.

Judas era el mejor preparado de los discípulos. Tenía las mejores características de personalidad, excepto una: no era una persona transparente. Nadie sabía lo que sucedía en su interior. Esa característica corroyó su personalidad como polilla. Lo llevó a ser infiel a sí mismo, a perder la capacidad de aprender.

Tenía todo para brillar, pero se encerró en el calabozo de sus conflictos. Antes de traicionar a Jesús, se traicionó a sí mismo. Traicionó su consciencia, su amor por la vida, su encanto por la existencia. Se aisló, se volvió autopunitivo.

Contrariando la lógica, el mayor vendedor de sueños de todos los tiempos escogió un equipo de jóvenes sin ninguna preparación para la vida y para ejecutar un gran proyecto. Los discípulos corrieron riesgos al seguirlo, pero él corrió riesgos incomparablemente más grandes al elegirlos.

Él tenía poco más de tres años para enseñarles. Era un tiempo brevísimo para transformarlos en el mayor grupo de pensadores y emprendedores de esta Tierra. Aspiraba a pulir la sabiduría en la ruda, complicada personalidad de ellos y volverlos capaces de incendiar el mundo con sus ideas, y de ese modo cambiar para siempre la historia de la humanidad.

La elección de Jesús no estuvo basada en lo que aquellos jóvenes poseían, sino en lo que él era. La autoconfianza y la osadía de Jesús no tienen precedentes. Prefirió comenzar de cero, trabajar con jóvenes completamente descalificados a trabajar con los fariseos saturados de vicios y prejuicios. Prefirió la piedra en bruto a la mal pulida.

Los sueños que contagiaban al inconsciente

La vida sin sueños es como un cielo sin estrellas. Algunos sueñan con tener hijos, rodar en la alfombra con ellos, volverse sus grandes amigos. Otros sueñan con ser científicos, explorar lo desconocido y descubrir los misterios del mundo. Otros sueñan con ser socialmente útiles y con aliviar el dolor de las personas.

Algunos sueñan con una excelente profesión, con tener un gran futuro, con poseer una casa en la playa. Otros sueñan con viajar por el mundo, conocer nuevos pueblos, nuevas culturas y aventurarse por aires nunca revelados. Sin sueños, la vida es como una mañana sin rocío, seca y árida.

El Maestro de maestros gritaba por las ciudades, aldeas y a la orilla de las playas, discurriendo sobre los más bellos sueños. Su discurso era contagioso. Sus oyentes quedaban electrizados. Sus sueños les hablaban a los deseos fundamentales del ser humano de todas las eras. Tocaban el inconsciente colectivo y aportaban dignidad a la existencia tan breve, tan bella, pero tan sinuosa.

¿Cuáles fueron los principales sueños que abrieron las ventanas de la inteligencia de los discípulos e irrigaron sus vidas con una meta superior?

Vendía el sueño de un reino justo

Las personas que lo escuchaban quedaban perplejas. Debieron preguntarse: "¿Quién es este hombre? ¿Qué reino justo es ese que él proclama? Conocemos los reinos terrenales que nos explotan y nos discriminan, pero nunca oímos hablar del reino de los cielos".

Él proclamaba, con atrevimiento: "Arrepentíos, porque el reino de los cielos está próximo". La palabra *arrepentir* usada por Jesús exploraba una importante función de la inteligencia. No significaba culpa, autocastigo o lamentaciones. En griego, significa un cambio de rumbo, una revisión de la vida.

Quería que las personas repensaran sus caminos, revisaran sus conceptos, retiraran la rigidez de sus mentes. Los que son incapaces de repensarse siempre serán víctimas y no autores de su historia.

El Maestro de maestros hablaba sobre un reino que estaba más allá de los límites del tiempo y el espacio. Un reino donde habitaba la justicia, donde no había clases sociales, donde no existía la discriminación. Una esfera donde la paz envolvería el territorio de la emoción y las angustias y aflicciones humanas no serían siquiera recordadas. ¿No era éste un sueño grandioso?

Los tiempos de Jesús eran una época de terror. Tiberio César, el emperador romano, dominaba al mundo con mano de hierro. Para financiar la pesada máquina administrativa de Roma, se cobraban abultados impuestos. El hambre formaba parte de lo cotidiano. No se podía cuestionar. Todo motín era sofocado con masacres.

El momento político recomendaba discreción y silencio. Pero nada podía callar la voz del más fascinante vendedor de sueños.

Vendía el sueño de la libertad

Sin libertad, el ser humano se deprime, se asfixia, pierde el sentido existencial. Sin libertad, el ser humano se destruye o destruye a los demás. Por eso el sistema penitenciario no funciona.

La prisión exterior mutila al ser humano, no transforma la personalidad de un criminal, no expande su inteligencia, no reedita las áreas de su inconsciente que fomentan el crimen. Sólo imprime dolor emocional. Ellos necesitan ser reeducados, concientizados, atendidos.

Jesús hablaba sobre la falta de libertad interior, que es más grave y sutil que la exterior. Vivimos en sociedades democráticas, hablamos tanto de libertad que con frecuencia ésta se encuentra lejos del territorio de la psique.

Existen diversas formas de restricción de la libertad. Las preocupaciones existenciales, los pensamientos anticipatorios, la dictadura de la estética del cuerpo y la explotación emocional de la publicidad son algunas de ellas.

Me gustaría destacar la fábrica de iconos construidos por los medios. Los jóvenes no tienen como modelos de vida a sus padres, profesores y el resto de las personas que luchan por triunfar profesionalmente.

Sus modelos son mágicos: actores, deportistas, cantantes que tienen éxito de la noche a la mañana. Ese modelo mágico no tiene fundamentos, no da subsidios para soportar las dificultades y enfrentar los desafíos. Crea una mazmorra interior, sueños inalcanzables. Crea una gran mayoría que gravita en torno a una minoría. Para la psicología, la valorización extrema es tan envilecedora como la discriminación.

Jesús discurría sobre una libertad poética. La libertad de elección, de construir caminos, de seguir a la propia consciencia. Hablaba sobre la gestión de los pensamientos, la administración de la emoción, el ejercicio de la humildad, la capacidad de perdonar, la sabiduría de exponer y no imponer las ideas, la experiencia plena del amor por el ser humano y por Dios.

El Maestro de la vida vivía lo que decía. No impedía que las personas lo abandonaran, lo traicionaran, incluso lo negaran. Nunca hubo alguien tan desprendido y que ejerciera de tal forma la libertad.

Vendía el sueño de la eternidad

¿Dónde están Napoleón Bonaparte, Hitler, Stalin? Todos ellos parecían tan fuertes, cada uno a su modo; unos en la fuerza física, otros en la locura. Pero al final todos sucumbieron al caos de la muerte. Los años pasaron y ellos se despidieron del breve paréntesis del tiempo.

Vivir es un evento inexplicable. Incluso cuando sufrimos, nos angustiamos y perdemos la esperanza, somos complejos e indescifrables. No sólo la alegría y la sabiduría, sino también el dolor y la insensatez, revelan la complejidad de la mente humana.

A diario imprimimos en la corteza cerebral, a través de la acción psicodinámica del fenómeno RAM, miles de experiencias psíquicas. Son millones de experiencias anuales que tejen la colcha de retazos de nuestra personalidad.

¿Quién puede escudriñar los fenómenos que nos transforman en *Homo intelligens*? ¿Quién puede descifrar los secretos que fomentan las crisis de ansiedad y las primaveras de los placeres?

Cuando viajo con mis hijas de noche y veo a lo lejos las casas en las granjas con una luz encendida, les pregunto: "¿Quiénes serán las personas que viven en aquella casa? ¿Cuáles son sus sueños y alegrías más importantes? ¿Cuáles fueron las lágrimas que nunca lloraron?".

Deseo humanizar a mis hijas, llevarlas a comprender que cada ser humano posee una historia fascinante, independientemente de sus errores, aciertos, victorias y derrotas.

Anhelo que ellas respeten la vida y perciban la complejidad de la personalidad.

Y sin embargo, un día esa personalidad experimenta el caos. La magnífica vida que poseímos se va a la soledad de una tumba. Desprevenida, enfrenta su mayor acontecimiento, su capítulo final. Todo el dinero, la fama, el estatus, los esfuerzos, no logran prolongar un minuto la existencia. El fin de la vida siempre perturbó al ser humano, desde los estudiantes de primaria hasta los intelectuales. Todos los héroes se vuelven niños frágiles al final de la vida.

La medicina lucha desesperadamente para prolongar la vida y darle una buena calidad. Las religiones tienen la misma aspiración. Éstas discurren sobre el alivio del dolor y la superación de la muerte. Sin duda, la continuidad consciente y libre de la existencia es el más grande de todos los sueños.

Desde el punto de vista científico, nada es tan drástico para la memoria y para el mundo de las ideas como la desintegración cerebral. La memoria se desorganiza, se pierden miles de millones de informaciones, los pensamientos se alejan de la realidad, la consciencia se sumerge en el vacío de la inconsciencia. El todo y la nada se convierten en lo mismo.

Jesús vendía, con todas sus letras, el sueño de la eternidad. Tenía plena consciencia de las consecuencias filosóficas, psicológicas y biológicas de la muerte. Pero, con inigualable seguridad, hablaba sobre su superación.

Para perplejidad de la medicina, él decía con atrevimiento que pisaba esta Tierra para traer esperanza a los mortales. La muerte no destruiría la colcha de retazos de la memoria. El ser humano sobreviviría y rescataría su identidad. Retomaría su consciencia.

Los padres abrazarían a sus hijos después de cerrar los ojos. Los amigos se reencontrarían después de una prolongada despedida. Nunca alguien fue tan lejos en sus sueños. Sus discursos conmovían a las multitudes.

Vendía el sueño de la felicidad inagotable

Es imposible exigir estabilidad plena de la energía psíquica, pues ésta se organiza, se desorganiza (caos) y se reorganiza continuamente. No existen personas que estén siempre calmadas, alegres y serenas. Ni tampoco existen personas que permanentemente estén ansiosas, irritadas e incoherentes.

Nadie es emocionalmente estático, a no ser que esté muerto. Debemos reaccionar y comportarnos bajo un determinado patrón para no ser inestables, pero este patrón siempre reflejará una emoción fluctuante.

La persona más tranquila perderá la paciencia. La persona más ansiosa tendrá momentos de calma. Sólo las computadoras son rigurosamente estables. Por eso son lógicas, programables y, por lo tanto, de baja complejidad.

Nosotros, al contrario, somos tan complejos que nuestra disposición, humor e intereses cambian con frecuencia. Debemos estar preparados para enfrentar los problemas internos y externos.

Debemos tener consciencia de que los problemas nunca van a desaparecer en esta sinuosa y bella existencia. Podemos evitar algunos; otros, sin embargo, son imprevisibles. Pero los problemas existen para ser resueltos y no para controlarnos. Por desgracia, muchas personas son controladas por ellos. La mejor manera de tener dignidad ante las dificultades y sufrimientos existenciales es extraer lecciones de ellos. En caso contrario, el sufrimiento es inútil.

Desde el punto de vista de la psicología, ser feliz no es tener una vida perfecta, sino saber extraer sabiduría de los errores, alegría de los dolores, fuerza de las decepciones, coraje de los fracasos. En ese sentido, ser feliz es el requisito básico para la salud física e intelectual.

El más grande vendedor de sueños cierta vez escandalizó a sus oyentes. Él estaba en una gran fiesta. El ambiente, sin embargo, era de terror. Él corría el riesgo inminente de ser arrestado y ejecutado. Sus discípulos esperaban que esta vez él fuera más discreto, que pasara desapercibido. Pero de nuevo él los dejó perplejos.

Súbitamente, se levantó y dijo, con voz altisonante: "El que tenga sed, venga a mí y beba...". Discurrió sobre la angustia existencial que cala hondo en todo ser humano, desde los ricos hasta los miserables, y vendió el sueño del placer pleno, del más alto sentido de la vida.

Gritó a todos los oyentes que quien tuviera sed emocional bebiera de su felicidad, quien estuviera ansioso bebiera de su paz. Jamás alguien hizo esa invitación en toda la historia. Nunca alguien fue tan feliz en la tierra de los infelices.

La muerte lo rondaba, pero él rendía homenaje a la vida. El miedo lo cercaba, pero él bebía de la fuente de la tranquilidad. ¿Qué hombre era ese que hablaba sobre el placer en la tierra del terror? ¿Qué hombre era ese que revelaba una pasión por la vida cuando el mundo se derrumbaba sobre él? Sin duda, ¡es el vendedor de sueños más grande de todos los tiempos!

Trabajando en la personalidad hasta el último minuto

El Maestro de maestros tenía que revolucionar la personalidad de su pequeño grupo para que los discípulos transformaran el mundo. Sería la mayor revolución de todos los tiempos. Pero no podía hacerse con el uso de las armas, la fuerza, el chantaje, las presiones, pues estas herramientas, usadas siempre en la historia, no conquistan el inconsciente. Crean siervos y no personas libres.

El proyecto de Jesús parecía una locura. Era casi imposible actuar en los bastidores de la mente de los discípulos y transformar las matrices conscientes e inconscientes de la memoria para tejer en ellas nuevas características de personalidad.

No sabemos dónde están las ventanas enfermizas de nuestra personalidad. Para darnos una idea, el área equivalente a la cabeza de un alfiler contiene miles de ventanas con millones de informaciones en la corteza cerebral. ¿Cómo encontrarlas? ¿Cómo transformarlas? El proceso es

tan complicado que un tratamiento psíquico toma semanas, meses y en algunos casos hasta años, para tener éxito.

Borrar la memoria es una tarea fácil en las computadoras. En el ser humano, es imposible. Todas las miserias,
conflictos y traumas emocionales que están archivados no
pueden ser destruidos, a no ser que haya un traumatismo
cerebral. La única posibilidad, como vimos, es sobreponer
nuevas experiencias en el sitio de las antiguas —lo que lla-
mamos reedición— o bien construir ventanas paralelas
que se abren simultáneamente con las enfermizas.

Si tienes una ventana paralela que contiene seguridad,
osadía, determinación, y que se abre al mismo tiempo que
las ventanas del miedo, del pánico, de la ansiedad, tendrás
apoyos para superar una crisis. Si no posees esa ventana, tendrás grandes probabilidades de convertirte en una víctima.

Pero ¿cómo reeditar la memoria de los discípulos o
construir ventanas paralelas en tan poco tiempo? Sinceramente, era una tarea casi imposible. Si fuera viable trans-
portar a los más ilustres psiquiatras y psicólogos clínicos a
través de una máquina del tiempo para tratar a los discípulos de Jesús con siete sesiones por semana, incluso así los
resultados serían pobres. ¿Por qué? Porque ellos no tenían
consciencia de sus problemas.

El gran desafío para el éxito del tratamiento psicológico
no es la dimensión de una enfermedad, sino la consciencia
que el paciente tiene de ella y la capacidad de intervenir en
su dinámica.

Hace pocos días atendí a un paciente que sufre de síndrome de pánico desde hace diez años. Tomó muchos tipos

de antidepresivos y tranquilizantes, pero los ataques persistieron.

Después de conocer su historia, le expliqué el mecanismo de los ataques de pánico. Le comenté sobre la apertura de las ventanas de la memoria en fracciones de segundo, el volumen de tensión que se deriva de esa apertura y el encarcelamiento del "yo".

Le dije que el "yo" debía salir de la audiencia, entrar en el escenario de la mente en el momento del ataque de pánico (foco de tensión), desafiar su crisis, gestionar los pensamientos, criticar la postura sumisa de la emoción y convertirse en el director del guion de su vida.

Ese proceso es un entrenamiento. Quien lo realiza reedita su inconsciente y construye ventanas paralelas, tiene muchas posibilidades de quedar libre de los medicamentos y de su psiquiatra o psicólogo.

Siempre que entreno a psicólogos, hago énfasis en que deben nutrir el "yo" de sus pacientes para que dejen de ser espectadores pasivos de sus propias miserias. Los pacientes tienen el derecho de conocer el funcionamiento básico de la mente, los papeles de la memoria, la construcción de las cadenas de pensamientos, para ser líderes de sí mismos.

¿Por qué es tan difícil cambiar la personalidad? Porque está tejida por miles de archivos complejos y contiene miles de millones de datos y experiencias. No contamos con herramientas para cambiar mágicamente esos archivos que se interrelacionan en una forma multifocal.

¿Quién cambia rápidamente las ventanas del miedo, de la impulsividad, de la timidez, de la personalidad? En la medicina biológica, algunos tratamientos son rápidos; en la medicina psicológica, es necesario reescribir los capítulos de la historia archivados en la memoria.

Los discípulos tenían miles o tal vez millones de ventanas enfermizas. Frustraron continuamente a su Maestro durante más de tres años. Jesús los entrenaba con paciencia.

El Maestro de maestros demostraba tener el más elevado conocimiento de psicología. Conocía el proceso de transformación de la personalidad. Nunca hizo un milagro en la personalidad humana, pues sabía que ésta es un campo de reedición difícil de operar.

Él creó conscientemente ambientes pedagógicos en las playas, en los montes, en las sinagogas, para producir ricas experiencias que pudieran sobreponerse a las zonas enfermas del inconsciente de sus discípulos. Creo que él realizó el mayor entrenamiento para la transformación de la personalidad de todos los tiempos.

Al analizar la personalidad de Jesucristo bajo la óptica de la ciencia, quedé asombrado. Tuve la convicción de que la ciencia fue tímida y omisa al no haber nunca investigado su inteligencia. Por eso él fue exiliado de las universidades, excluido de la formación de los psicólogos, educadores, sociólogos, psiquiatras. Fue un enorme perjuicio. Las sociedades occidentales se volvieron cristianas sólo de nombre.

Jesucristo programó, como un microcirujano que disecciona pequeños vasos y nervios, situaciones y ambientes para entrenar y transformar a sus discípulos. Cada parábola, cada gesto ante los marginados que lo buscaban y cada actitud frente a una situación de persecución eran laboratorios donde se realizaba ese entrenamiento.

Él probó que en cualquier época de la vida podemos cambiar los pilares centrales que estructuran nuestra personalidad. Sus laboratorios eran una universidad viva. Su objetivo era exponer espontáneamente las miserias del inconsciente. Las fragilidades aparecían, afloraban las ambiciones, surgían la arrogancia y la insensatez.

Sus laboratorios aceleraban el proceso de tratamiento psiquiátrico y psicoterapéutico. Después de años de análisis detallados logré entender el proceso utilizado por el Maestro de maestros.

Todos sus comportamientos tenían un blanco imperceptible a los ojos. Cuando era gentil con una prostituta, él trataba el prejuicio de los discípulos. Cuando era osado en situaciones de riesgo, trataba la inseguridad que ellos sentían.

Reconstruyendo al ser humano

Vamos a analizar uno de los más bellos pasajes de su vida. Horas antes de ser apresado, él tuvo en la última cena un conjunto de actitudes capaces de dejar perplejas a la psiquiatría y a la psicología. La última cena es mundialmente famosa, pero muy poco conocida bajo el ángulo científico.

Como estaba por morir, tenía que enseñar rápidamente las más bellas lecciones de la inteligencia, como el arte de la solidaridad, la capacidad de ponerse en el lugar del otro, el respeto por la vida. Teóricamente, necesitaría de años para realizar esa tarea pedagógica.

Entonces, sin decir palabra, el Maestro tomó una vasija de agua y un paño y comenzó a lavar los pies de aquellos discípulos que tantos dolores de cabeza le dieron. Su actitud es simplemente increíble.

Jesús estaba en el auge de la fama. Las multitudes querían verlo. Los discípulos lo ponían en un pedestal infinitamente más alto que el del emperador Tiberio César, que gobernaba Roma. De repente, él abdica de la más alta posición, se postra ante los jóvenes galileos y comienza a quitar la suciedad de sus pies. Ellos quedaron paralizados, en shock, aterrados. Se miraban entre sí con un nudo en la garganta. No sabían qué decir.

Mientras las gotas de agua escurrían por sus pies, un río emocional recorría los bastidores de su mente, irrigando los rincones de la inteligencia. El Maestro de maestros conquistaba lo inconquistable: penetraba en los suelos inconscientes, reescribiendo las ventanas de la intolerancia, de la disputa predatoria, de la envidia, de los celos, de la vanidad.

Fueron diez o veinte minutos que causaron más efectos que décadas de bancas escolares o años de psicoterapia. La última cena fue el mayor laboratorio de tratamiento psíquico y enriquecimiento del arte de pensar del que se tiene noticia. Esta Tierra ha producido mentes brillantes, pero nunca nadie fue tan lejos como Jesucristo. Él fue el Maestro de maestros. Y lo hizo cuando estaba por ser torturado y ejecutado. ¿Quién es capaz de razonar en el caos?

Después de tomar esta actitud, dijo que en su reino las relaciones serían completamente diferentes de las que existen en la sociedad. El más grande no es aquel que domina ni el que tiene más poder político o financiero, sino aquel que sirve.

Para él, solamente quien abdica de la autoridad es digno de ella. Cualquier líder espiritual, político, social, que desea que las personas graviten a su alrededor no es digno de ser un líder. Los que usan el poder y el dinero para controlar a los demás no están preparados para poseerlos. Sólo quienes sirven son dignos de estar al mando.

El Maestro de la vida fue fiel a sus palabras, vivió según sus palabras. Dio más importancia a los demás que a sí mismo, incluso frente a la muerte. Fue digno de la más alta autoridad, porque abdicó a ella. El más grande vendedor de sueños fue el mayor educador y el mayor psicoterapeuta de todos los tiempos.

Nunca alguien tan grande se hizo tan pequeño para convertir en grandes a los pequeños. Si las religiones y la ciencia descubrieran la grandeza de su inteligencia, las sociedades no volverían a ser las mismas (Cury, 2001).

Apostar todo lo que tenía en los que lo frustraron

Después de la última cena, los discípulos decepcionaron a su Maestro al máximo. Él estaba por ser apresado y aguardaba a la escolta. Por primera vez les pidió algo. Solicitó que estuvieran con él en ese momento angustiante. Pero los discípulos, estresados por verlo sudando sangre y sufriendo, se durmieron.

Judas llegó con la escolta. Traicionó al Maestro con un beso. En vez de dejarse dominar por el odio y la frustración, Jesús gestionó sus pensamientos, relajó su emoción y miró con gentileza a su traidor. Lo espantoso es que el análisis psicológico revela que Jesús no tenía miedo de ser traicionado por Judas; tenía miedo de perder a Judas, de perder un amigo.

Dijo: "Con un beso me traicionas". Quería decir: "¿Estás seguro de que es esto lo que deseas? Piensa antes de reaccionar". Judas quedó perturbado, se salió de la cena, no esperaba esta respuesta.

El Maestro de maestros no renunció a él, quería reconquistarlo, llevarlo a usar su dramático error para crecer. Quería que Judas no fuera controlado por la culpa y el autocastigo y que no renunciara a la vida. Lamentablemente Judas no escuchó la voz suave, sabia y afectuosa de su Maestro. ¡Jamás una persona traicionada amó tanto a un traidor!

Horas después de su arresto, Pedro lo golpeó tres veces negando vehementemente que lo conocía. Pedro amaba profundamente al Maestro, pero estaba en la cárcel de la emoción. No razonaba. Jesús no le exigió nada. Todavía lo estaba entrenando. En el momento en que Pedro lo negó por última vez, el Maestro se volvió hacia él y le dijo: "¡Yo te comprendo!".

¿Le has dicho "yo te comprendo" a alguien que se equivocó mucho contigo? Muchas veces somos verdugos de las personas que cometen errores, hasta de nuestros hijos y alumnos, pero el más grande vendedor de sueños jamás renunció a los jóvenes que eligió. Los jóvenes también son implacables y agresivos con los errores de sus padres. En la especie humana, falta comprensión y sobra punición.

Pedro salió de la cena y se puso a llorar. En ese momento, él dio un salto en su vida. Su error fue transformado en un pilar de crecimiento, y no en objeto de castigo, como en los exámenes escolares de las sociedades modernas. En este libro discutiremos sobre la crisis de la educación y la destrucción de sueños.

A pesar de los innumerables defectos de sus discípulos, dos cualidades los coronaban. Ellos tenían disposición para explorar lo nuevo y sed de aprender. Al Maestro esto le bastaba, pues creía que la piedra en bruto sería pulida a lo largo de la vida. Sabía que su proyecto llevaría tiempo para ser implantado, incluso después de que él cerrara los ojos.

No le importaban los accidentes del recorrido. Confiaba en las semillas que había sembrado. Creía que éstas germinarían en la tierra de la timidez, en los suelos de la inseguridad, en las planicies rocosas de la intolerancia. Finalmente, sus discípulos se convirtieron en un equipo excelente de pensadores. Analiza las cartas de Pedro que están en el Nuevo Testamento. Son un tratado de psicología social. Se equivocó mucho, pero creció más.

Jesucristo invirtió su inteligencia en personas complicadísimas para mostrar que todo ser humano tiene esperanza. Las personas más difíciles con las que convives tienen esperanza. La historia de Jesús es un ejemplo magnífico.

Demuestra que las personas que más dolores de cabeza nos dan pueden llegar a ser las que más alegrías nos brindarán en el futuro. ¿Qué hacer?

¡Invierte en ellas! ¡No seas un manual de reglas y críticas! ¡Sorpréndelas! ¡Cautívalas! ¡Enséñalas a pensar! ¡Compréndelas! ¡Siembra semillas!

Vendiendo sueños hasta la última gota de sangre

Nadie espera una reacción inteligente de una persona torturada, y menos si está clavada en una cruz. La memoria se bloquea; se aborta el raciocinio; el instinto es controlado; el miedo y la ira dominan. Jesús fue sorprendente cuando estaba libre, pero fue incomparablemente más sorprendente cuando fue crucificado.

En la primera hora de la crucifixión, él abrió las ventanas de la inteligencia y gritó: "Padre, perdónalos, pues no saben lo que hacen". Perdonó a hombres imperdonables. Comprendió actitudes incomprensibles. Incluyó a personas que eran dignas de un completo rechazo.

Uno de los ladrones a su lado escuchó esa frase y quedó asombrado. El dolor le había cortado el raciocinio, sus ojos estaban turbios, sus pulmones sin aliento. Pero al oír el grito de Jesús, recibió un golpe de lucidez.

Sus ojos se abrieron. Volteó el rostro y vio a una persona encantadora detrás del cuerpo enflaquecido y mutilado de Jesús. Poco tiempo después, aunque ya casi no tenía fuerzas, el criminal le pidió: "Cuando estés en tu reino, acuérdate de mí".

Los gestos de Jesús lo hicieron soñar con un reino por encima de los límites del tiempo, un reino complaciente y que trascendía a la muerte. ¿Qué hombre es ése, que incluso lacerado era capaz de inspirar a un miserable a soñar?

Los que estaban al pie de la cruz quedaron fascinados. Y reacciones fascinantes como ésas ocurrieron durante las seis largas horas de la crucifixión. Fue la primera vez en la historia que alguien que sangraba, aplastado por el dolor físico y emocional, sorprendía a los que estaban libres.

Cuando Jesús dio el último suspiro, el jefe de la guardia romana, encargado de cumplir la sentencia condenatoria de Pilatos, dijo: "Verdaderamente éste era el hijo de Dios". Pudo ver más allá de los paréntesis del tiempo. Vio la sabiduría que era transmitida por un mutilado en la cruz.

Muchos políticos e intelectuales no logran influir en las personas con sus ideas, aunque estén libres para debatir lo que piensan. Pero el Maestro de maestros sacudió los cimientos de la ciencia al llevar a las personas a navegar por el mundo de los sueños mientras todas sus células morían.

San Agustín, Francisco de Asís, Tomás de Aquino, Spinoza, Hegel, Abraham Lincoln, Martin Luther King y miles de personas de diferentes religiones, inclusive no cristianas, recibieron su influencia. Escucharon la voz inaudible de sus sueños.

Si Freud, Karl Marx, Jean-Paul Sartre hubieran tenido la oportunidad de analizar profundamente la personalidad de Jesús como yo lo hice, probablemente no estarían entre los mayores ateos que han pisado en esta Tierra, sino entre los que más se dejarían cautivar por sus magníficos sueños.

Mahoma llamó a Jesús "Su Dignidad" en el Corán, exaltándolo más que a sí mismo. El budismo, aunque anterior a Cristo, ha incorporado sus principales enseñanzas. Sri Ramakrishna, uno de los más grandes líderes espirituales de la India, confesó que a partir de 1874 fue profundamente influenciado por las enseñanzas de Jesucristo. El territorio consciente e inconsciente de Gandhi también fue trabajado por sus pensamientos.

El Maestro de maestros nunca presionó a nadie a seguirlo, sólo invitaba. No se alejó más de trescientos kilómetros del lugar en que nació. No tenía una escolta, no poseía un equipo de marketing, nunca derramó una gota de sangre. Su pequeña comitiva estaba constituida por un grupo de sólo doce jóvenes de difícil personalidad. Pero hoy, para nuestra sorpresa, lo siguen miles de millones de personas de todas las religiones, de todas las culturas, de todos los niveles intelectuales.

Siguen a alguien a quien no conocieron. Siguen a alguien a quien nunca vieron. Siguen a alguien que les inspiró emoción y llenó sus vidas de sueños.

2

Un soñador que coleccionaba derrotas

*P*repárate para conocer la fantástica trayectoria de un soñador que sacó coraje de sus fracasos, sabiduría de sus frustraciones y sensibilidad de sus pérdidas. Al final, al saber el nombre del personaje, vas a quedar absolutamente sorprendido.

A.L. era un joven sencillo, hijo de campesinos. No tuvo privilegios sociales, no vivió en un palacio, rara vez le daban regalos. Pero tenía una característica de los vencedores: reclamaba poco. Nada mejor para fracasar en la vida que reclamar mucho. No sobra energía para crear oportunidades.

Desde su juventud, A.L. conoció las dificultades de la existencia. Perdió a su madre a los 9 años. El sabor amargo y cruel de la soledad penetró en los rincones de su emoción. El mundo se derrumbó sobre él. Perder a la madre en la infancia es perder el suelo donde caminar. Es el último estado de dolor de un niño.

Un ser humano puede ser rico incluso sin dinero y sin tener a su lado a personas que lo aman; pero puede ser miserable incluso siendo millonario si su compañera es la soledad.

Nuestro joven podría haber sido controlado por la pérdida, pero sobrevivió. Había en él algo digno de elogio: su enorme capacidad de viajar. Viajaba mucho. Se transportaba a lugares muy lejanos y de difícil acceso. Pero ¿cómo viajaba, si no tenía dinero? Viajaba por el mundo de los libros.

El mundo de los libros da alas a la inteligencia. Quien lo descubre vuela más lejos. Cierta vez, por no tener recursos financieros, A.L. osó pedir a los vecinos y amigos libros prestados. Se sentía un poco inhibido, pero no tenía miedo de escuchar un no. Tenía miedo de no aprender. Desde muy temprano, amó la sabiduría. ¿Tú amas la sabiduría?

Construyó en secreto un tesoro enterrado en su intelecto. Era común por fuera, pero un soñador por dentro. Los mayores tesoros están ocultos a los ojos. Pensaba en la vida mientras muchos sólo pensaban en los placeres momentáneos.

Era posible verlo parado con la mirada perdida. Parecía estar en otro mundo. Estaba en el mundo de las ideas. Las necesidades y sufrimientos desde su más tierna infancia, en vez de segar su creatividad, produjeron sueños.

Cierta vez, tuvo un bello proyecto: "Voy a montar un negocio...". Soñaba con ganar dinero, tener prestigio social y conquistar una vida tranquila. Un buen sueño. Se sintió como un poeta, inspirado y temerario. En los sueños todo parece fácil, no hay accidentes. Pero todo sueño trae algunas pesadillas. ¿El resultado del negocio?

BANCARROTA.

El joven enfrentó el drama de la derrota muy temprano. Algunos, ante un fracaso, bloquean la inteligencia. Registran el fracaso intensamente en los suelos del inconsciente, a través del fenómeno llamado RAM, registro automático de la memoria (Cury, 1998).

El mecanismo es el siguiente: el fracaso es leído continuamente, generando reacciones emocionales dolorosas e ideas negativas que obstruyen la libertad de pensar, de hacer nuevos planes, de creer en el propio potencial. La derrota no superada aplasta los sueños y lacera el coraje.

Aprender a no ser controlado por los fracasos

¿Te has enfrentado alguna vez al dolor de una derrota? A.L. lo vivió y quedó lastimado, pero no se sometió a su control. Lo asumió, lo enfrentó, lo examinó desde otros ángulos. Al enfrentarlo impidió que el fenómeno RAM generara un conflicto, un área enfermiza de la memoria, una ventana de tensión.

Él levantó la cabeza y volvió a soñar. Saltó del mundo de los negocios al mundo de la política. Pero era ingenuo, no conocía los enigmas de ese terreno. Se postuló para un cargo. Estaba muy animado, quería ser un político diferente. Tuvo muchas inspiraciones. Sentía que podría ser un gran hombre. ¿El resultado de las urnas?

¡FUE DERROTADO!

"¡No es posible!", exclamaba. "¿Qué fue lo que hice mal?" Muchas preguntas, muchas respuestas, pero ninguna apaciguaba su emoción. La razón intenta prepararse para las derrotas, pero la emoción nunca se somete a ellas.

Al día siguiente, el "yo" de nuestro joven, que representa su capacidad de decidir, controlar su mundo, ser consciente de sí mismo, estaba abatido. No tenía ánimo para hablar con nadie.

Mirar a los vencedores de esa carrera electoral detonaba un fenómeno inconsciente que actúa en milésimas de segundo, llamado gatillo de la memoria, o fenómeno de autorrevisión. Ese gatillo abría una ventana de la memoria que contenía la experiencia del fracaso en las urnas y, de ese modo, reafirmaba su condición de derrotado. ¿La consecuencia?

Un mecanismo súbito de ansiedad se dibujaba en el núcleo de su mente. Los pensamientos y emociones angustiantes crecían, generando un nudo en la garganta, boca seca, taquicardia. Parecía que su cerebro le estaba avisando que corría peligro y tenía que huir. Pero ¿huir de qué?

De la humillación, de la vergüenza social, en fin, de los traumas construidos en los bastidores de su mente. ¿Cuántas veces los estímulos externos detonan el gatillo de la memoria que libera nuestros monstruos? Hay personas que no soportan una crítica y se dejan dominar por la ira.

A pesar de estar abatido, A.L. no se dejó vencer. Todos los soñadores son enemigos de la rutina. Cuando piensan en renunciar a todo, surgen los sueños en el teatro de la mente y comienzan nuevamente a impulsarlos. Así ocurrió con nuestro joven. De nuevo se volvió hacia el mundo de los negocios.

Esta vez apostó a que daría resultado. Tomó ciertas precauciones. Estaba más abierto a las experiencias ajenas. Conversó más, reflexionó más. Hizo un pequeño análisis de los errores que debía evitar y de cuánto ganaría. Se vio invadido por una intensa euforia.

La emoción es bella y crédula, bastan algunos respingos de esperanza para que el humor se restablezca y regrese el valor. Nunca debemos quitarle la esperanza a un ser humano, incluso si es un paciente portador de un cáncer en fase terminal o un paciente que por décadas ha sido un dependiente químico. La esperanza es el aliento de la vida, el nutriente esencial de la emoción. ¿Cómo alimentas la esperanza?

A.L. andaba sonriente, creía en la vida. Entonces, después de gastar su energía para organizar su pequeña empresa y trabajar mucho, vino el resultado.

FALLÓ NUEVAMENTE.

Quedó profundamente abatido. Su "yo" no gobernaba sus pensamientos. Pensaba mucho y sin calidad. Éste es un grave problema. El exceso de pensamientos es el gran verdugo de la calidad de vida del ser humano (Cury, 2002). Conspira contra la tranquilidad, le roba energía a la corteza cerebral, genera una fatiga descomunal, como si hubiéramos salido de una guerra. ¡Cuidado! Quien piensa mucho se atormenta de más.

Los pensamientos derrotistas de A.L. no sólo alimentaban su inseguridad, su sentimiento de incapacidad y ansiedad, sino que, todavía peor, se acumulaban como escombros en el delicado suelo de su memoria. Los que no saben cuidar ese suelo no ven días felices. Muchos detestan la basura en la oficina, pero no les importa la basura acumulada en el territorio de su emoción.

El fenómeno RAM registró su bancarrota de manera privilegiada. Por eso a A.L. no le gustaba tocar el asunto, pues en cuanto lo hacía el gatillo de la memoria abría de inmediato las ventanas que promovían el humor triste. Muchas veces no nos gusta tocar nuestras heridas. Éstas no han sanado, sólo están escondidas.

Pero A.L. no las escondió. Procuró superarlas rescatando su vocación política. Se postuló de nuevo. Después de mucha labor, vino por fin la bonanza. Logró ser elegido diputado.

Parecía que los vientos cambiaban. Su emoción encontró la primavera.

Golpes inevitables

Pero la alegría de A.L. pronto se disipó al calor de sus pérdidas. Al año siguiente sufrió una pérdida irreparable. Su novia murió. Su madre había muerto temprano en su vida, y ahora nunca más vería el rostro de la mujer que amaba.

La pérdida le robó no sólo la alegría, sino que produjo algunas ventanas *killer* en su memoria. *Killer* quiere decir "asesino(a)". Las ventanas *killer* son zonas de conflictos intensos clavadas en el inconsciente que bloquean el placer y la inteligencia.

Cuando entramos en esas ventanas, reaccionamos como animales, sin pensar. Se construyen a través de pérdidas dramáticas, frustraciones intensas, angustias indescifrables que no son superadas.

Cuando una persona padece del síndrome de pánico, al entrar en su ventana *killer* tiene la súbita sensación de que va a morir o se va a desmayar, incluso estando en plena salud. Cuando una persona tiene fobia de hablar en público, al entrar en su ventana *killer* traba su inteligencia, no logra encontrar los archivos de su memoria que sustentan el raciocinio, no coordina sus ideas.

Cuando un padre, madre o maestro entran en una ventana *killer* pueden reaccionar agresivamente ante un pequeño error de su hijo o alumno. Su reacción es desproporcional al estímulo externo, y causa serias consecuencias para su personalidad. Una ofensa puede marcar una vida.

Cuando los niños hacen un berrinche y los adolescentes entran en crisis ante un "no" están bajo el control de esas ventanas. En mi opinión, como psiquiatra e investigador científico, creo que todo ser humano desarrolla ventanas que obstruyen su lucidez en los focos de tensión: jóvenes, adultos, ejecutivos, científicos, iletrados. Unos más, otros menos.

Siempre que perdemos el control de nuestras reacciones somos víctimas de esas ventanas, actuamos por instinto y no como *Homo sapiens*. Sabio es quien tiene el valor de identificar sus locuras y procura superarlas. No esconde su irracionalidad, la trata. Muchos impulsivos hieren durante toda la vida a sus seres queridos porque nunca asumieron su ansiedad. Somos excelentes para ocultarnos.

Cuando A.L. entraba en las ventanas que aprisionaban su inteligencia, producía una avalancha de ideas negativas que promovían su angustia. Crecieron espinas en los jardines de su inconsciente y florecieron en el territorio de su emoción.

¿El resultado? Al año siguiente tuvo una crisis depresiva. Algunos, por pérdidas menores, se deprimen por años; otros entierran sus sueños para siempre. A.L. estaba deprimido, pero se distinguía de la mayoría de las personas. Sabía que tenía dos caminos a seguir. Sus pérdidas podían construirlo, o destruirlo.

¿Cuál escogerías? Es fácil decir que la primera, pero con frecuencia elegimos la segunda opción. Las pérdidas nos destruyen y nos abaten. A.L. entrenó su emoción y eligió la primera alternativa. En vez de ponerse como víctima del mundo, rescató el liderazgo de su "yo". Salió de su propia miseria. Agradeció a Dios por la vida y por las pérdidas. Hizo de ellas una oportunidad para comprender las limitaciones de la existencia y crecer.

Él no tenía conocimiento de la psicología moderna, de los complejos papeles de la memoria, pero tenía la osadía para enfrentar su cárcel interior. Todos construimos cárceles usando como rejas invisibles la carga excesiva, el autocastigo, la desesperación. Muchos piensan que su cárcel es un jefe insensato, un concurso competitivo, las enfermedades físicas, las crisis financieras. Pero nuestras cárceles reales están alojadas en la psique. Si somos libres por dentro, nada nos aprisionará por fuera.

A.L. no sabía que las ventanas enfermizas del inconsciente no pueden ser borradas o eliminadas. No tenía conciencia de que sólo pueden ser reeditadas a través de nuevas experiencias registradas en el mismo lugar donde se encuentran.

Tampoco tenía consciencia de que podemos construir ventanas paralelas discutiendo nuestros miedos, enfrentando nuestra inseguridad, criticando nuestra agresividad o nuestra timidez. No sabía que esas ventanas paralelas podían abrirse al mismo tiempo que las ventanas *killer*, oxigenando la capacidad de pensar. Aunque careciera de conocimiento científico sobre el funcionamiento de la mente, él actuó intuitivamente dentro de sí como si lo tuviera.

Cuando pensaba que la vida ya no tenía sentido, debatía esa postura derrotista. Cuando tenía un pensamiento negativo, no se sometía a él, como la mayoría de las personas. Lo criticaba seriamente. No era esclavo de los pensamientos perturbadores. ¿Tú eres esclavo de esos pensamientos? ¿Cuántas personas excelentes no viven esa esclavitud?

Una vez atendí a una joven profundamente triste. Estaba atormentada por pensamientos contra Dios. No lograba interrumpirlos. Le pedí que dejara de ser pasiva, que criticara tales pensamientos y no sometiera a ellos su emoción. Se liberó.

Muchas personas se angustian y hasta piensan en el suicidio porque detestan su cuerpo, piensan en accidentes, enfermedades, pérdidas de personas queridas, pérdida de empleo, creen que van a reprobar los exámenes. Tenemos que salir de entre el público, entrar en el escenario de nuestra mente y volvernos actores y actrices principales de nuestra inteligencia. Quien aprenda esa lección entenderá uno de los pilares de este libro.

A.L. construía una fragua oculta en su invierno emocional. Ejercitaba diariamente a su "yo" para que fuera líder. Se convirtió en un artesano de su emoción. Se volvió un amigo de la vida y un amigo de Dios.

Resurgir de las cenizas

Poco a poco volvió al encanto por la existencia. Anheló ser útil a su sociedad, porque no le veía otro sentido a la vida. Bajo la llama de ese ímpetu, se postuló para diputado federal. Se preparó para una gran victoria. Sonrió, caminó, discutió más los problemas sociales. Entonces, vino el resultado.

FUE DERROTADO.

Su alma se sintió estrangulada. Se sentía sofocado. Miraba a los lados, creyendo que las personas comentaban su fracaso. La sociedad es rápida para adular a quienes están en el podio y lenta para apoyar a los derrotados.

¡Cuidado! Si dependes mucho de los demás para realizar tus sueños, corres el riesgo de estar frustrado en la vida. Los jóvenes tienen que estar atentos. Son exigentes para consumir, pero no saben construir su futuro, son frágiles y dependientes.

Algunos creían que el sueño de A.L. era un mero entusiasmo. Pero él volvió a levantarse. Sus sueños eran demasiado sólidos para hacerlo quedar sumergido en los escombros de sus fracasos. Algunos años más tarde, renació el sueño de ser un gran político. Nuevamente se postuló.

Hizo una campaña con seguridad y osadía. Gastó saliva y suelas de zapatos como nadie. Pensó: "Esta vez seré un vencedor". Estaba animadísimo. Después de una campaña extenuante, vino el resultado.

PERDIÓ OTRA VEZ.

Fue un desastre emocional. Al verlo pasar, las personas movían la cabeza. Los más cercanos le decían: "¡Deja de sufrir! ¡Haz otra cosa!". Muchos jamás entrarían en otra disputa electoral. Pero ¿quién controla el sueño de un idealista? Ellos son los más obstinados del mundo. Una dosis de obstinación es fundamental para realizarse en la vida. Todos los soñadores fueron persistentes, les encantaba el enfrentamiento.

En los países desarrollados como Estados Unidos, Japón, Inglaterra, Alemania, hay una crisis en la formación de pensadores y de líderes idealistas. ¿Por qué? Porque los jóvenes no tienen grandes desafíos que enfrentar, no tienen obstáculos que superar, crisis que vencer. Al tener pocos desafíos, sueñan menos y tienen menos compromiso social.

Si elimináramos el contacto de una persona con todos los tipos de virus, un día, cuando ella se expusiera al más inocuo de ellos, podría no sobrevivir. ¿No es eso lo que hemos hecho con nuestros jóvenes?

A.L. tuvo que enfrentar la humillación de las derrotas, las burlas de sus amigos, el sentimiento de incapacidad. Todo eso hirió su psique, pero educó a la emoción para soportar crisis y pérdidas. Adquirió anticuerpos intelectuales. Un buen profesionista se prepara para los éxitos, uno excelente se prepara para el fracaso.

En su libro *El príncipe*, Maquiavelo comentó que las actitudes revelan oportunidades que la pasividad hubiera dejado escondidas. La historia nos enseña que las personas pasivas sucumben a sus excusas y se someten a sus temores.

Los sueños son el mejor remedio para curar las frustraciones. Si son sólidos, pueden tener más eficacia que años de psicoterapia. Ellos reeditan la película del inconsciente y amplían los horizontes del abatido, haciendo renacer la motivación para volver a comenzar todo de nuevo.

Nuestro soñador emergió del caos. Nadie lo creía, pero A.L. decidió enfrentar otra campaña para el Congreso. Nunca se vio tanto empuje. Las injusticias sociales y la incongruencia de las desigualdades humanas generaban en él una fuente inexplicable de energía para correr riesgos. Ahora tenía más fe y más experiencia. Corrigió los errores de otras campañas y se volvió más sociable. Finalmente vino el resultado.

PERDIÓ UNA VEZ MÁS.

En los días que siguieron, A.L. se hundió en el pantano de su pesimismo. Se sentía arrasado, lastimado, impotente. Se preguntaba innumerables veces: "¿Dónde fallé? ¿Por qué las personas no confían en mí?". No se concentraba en el mundo real. Había momentos en que quería huir del mundo. Pero ¿quién puede huir de sí mismo?

Cuando las personas lo veían, comentaban entre sí a media voz: "Ahí va el Señor Fracaso". Llevaba la amargura de diversas derrotas electorales, quiebras y pérdidas. Su colección de fracasos era más que suficiente para hacerle víctima del miedo. Por mucho menos, personas ilustres ocultan la cabeza debajo de la almohada.

Él también debería situarse como víctima de lo que los demás pensaban y hablaban acerca de él. Si muchos pierden noches de sueño por una mirada hostil, una injusticia, una censura, imagina cómo estaba el territorio de la emoción de este soñador.

La sociedad es excelente para exaltar a los que tienen éxito y rápida para burlarse de los fracasados. Quien anhela tener una personalidad saludable no debe olvidar esta ley: *no esperes mucho de los demás.*

Todos entenderían si él renunciara a sus metas. Era lo más recomendable. Vencer parecía un fenómeno inalcanzable. Sin embargo, cuando todos esperaban que él no volviera a levantarse, A.L. resurgió de las cenizas. No era propenso a aceptar ideas sin pasarlas por el filtro de su crítica.

Mostró así un coraje poético, embriagado de sensibilidad. Para muchos, este coraje era ilógico, para él era el combustible que mantenía encendida la llama de sus sueños.

Apareció en la rueda de los políticos y, para asombro del público, tuvo el valor de postularse para el Senado. Las derrotas, en vez de destruir su autoestima, realzaban su proyecto.

La campaña fue diferente. Su voz era vibrante. Dejó de ser rehén de algo que fácilmente nos aprisiona: nuestro pasado. Creyó en que rompería la cadena de fracasos y que el éxito besaría los suelos de su historia.

Pero no quería el éxito por el éxito. No era un político dominado por la corona de la vanidad. Los que aman la vanidad son indignos de la victoria. Los que aman el poder son indignos de él. Tener éxito para estar por encima de los demás es más insano que las alucinaciones de un psicótico.

A.L. tenía una ambición legítima. Quería el éxito para ayudar al ser humano. Quería hacer justicia para los que vivían en el valle de las miserias físicas y emocionales. Soñaba con el día en que todos fueran tratados con dignidad en su sociedad.

Después de una campaña extenuante, en la que expuso con vehemencia sus ideas, aguardó el resultado con impaciencia. No podía perder esta vez. Si eso sucediera, hasta sus adversarios tendrían compasión de él. Entonces, vino el resultado.

PERDIÓ OTRA VEZ.

Al llegar a casa, se sentó en una silla, sin sentir su propio cuerpo. Era difícil creer en esa nueva humillación pública. Su memoria se volvió árida como un desierto. Faltaban flores en el escenario de su mente y sobraban pensamientos pesimistas. Cualquier psiquiatra o psicólogo clínico, por menos experiencia que tuviera, entendería su miedo al futuro. El mañana se convirtió en una pesadilla.

Un coraje poco común

Muchos jóvenes, cuando les va mal en un examen, entran en crisis. Otros, cuando son traicionados por sus novias o novios, lloran como niños. Algunos adultos, cuando no cumplen sus metas en el trabajo, se consideran insuficientes.

Otros, cuando son abandonados por su pareja, se sienten el último de los seres humanos. Las pérdidas deberían nutrir el "yo" para hacerlo más fuerte y no sumiso, pero con frecuencia no es eso lo que sucede.

El caso de A.L. era más grave. De nada servía exigir grandes actitudes de un coleccionista de pérdidas. Las opiniones se dividían con respecto a él. Algunas personas supersticiosas creían que él estaba programado para la derrota. Otras, fatalistas, creían que sus fracasos se derivaban de su destino previamente trazado. Para ellas, unos habían nacido para el éxito, y otros para el fracaso.

Entre los supersticiosos y los fatalistas había un pensamiento unánime: todos estaban de acuerdo en que él debía conformarse con sus fracasos, cambiarse de ciudad, de país, de empleo. El conformismo, en psicología, se llama *psicoadaptación*.

El fenómeno de la psicoadaptación es la incapacidad de la emoción humana de reaccionar con la misma intensidad al exponerse al mismo estímulo. Cuando nos exponemos repetidamente a estímulos que nos excitan en forma negativa o positiva, con el tiempo perdemos la intensidad de la reacción emocional. En fin, nos psicoadaptamos a ellos.

Nos psicoadaptamos al celular, al auto, al tipo de ropa, a la decoración de nuestra casa, a los conceptos, a los paradigmas sociales. Así, perdemos el placer y buscamos inconscientemente nuevos estímulos, nuevos objetos, nuevas ideas. Sólo logramos volver a sentir placer si reciclamos nuestra capacidad de observar y valoramos detalles no contemplados.

En el aspecto positivo, la psicoadaptación genera una revolución creativa. Nos estimula a buscar lo nuevo, amar lo desconocido. Es uno de los grandes fenómenos psicológicos inconscientes responsables de los cambios en los movimientos literarios, en la pintura, en la arquitectura y hasta en la ciencia.

Sin embargo, cuando la psicoadaptación es exagerada, provoca una insatisfacción crónica y consumismo. Nada satisface prolongadamente. Las conquistas producen un placer rápido y fugaz. Aquí está una de las mayores trampas de la emoción. Por eso, no es saludable que los padres den muchos regalos a sus hijos. Ellos se psicoadaptan al exceso de juguetes. ¡El resultado es pernicioso! Consumen cada vez más cosas, pero obtienen cada vez menos placer.

Otra gran trampa de la emoción es la psicoadaptación a las violencias sociales, a los ataques terroristas, a la competencia en el trabajo, a las riñas conyugales, a los fracasos profesionales, a la depresión, al pánico, a la ansiedad. ¿La consecuencia? Perdemos la capacidad de reaccionar. En ese caso, el *Homo sapiens* se vuelve un espectador pasivo de sus miserias. Éste es un asunto para varios libros. Espero que el lector perciba que nuestra especie está enfermando colectivamente.

Muchos psicólogos y científicos sociales, al no comprender ese proceso inconsciente, no entienden que, con el tiempo, los problemas psíquicos y sociales dejan de excitar a la emoción. Ese proceso nos encadena, destruye la capacidad de luchar por lo que amamos. Hay personas que arrastran su depresión, timidez e inseguridad durante toda la vida a causa de eso.

¿Tú te estás psicoadaptando a la falta de diálogo en la familia, a la dificultad de conquistar a un alumno difícil o un compañero de trabajo complicado?

Muchos soldados alemanes perdieron la sensibilidad a medida que se sometían a la propaganda nazi y observaban pasivamente a los judíos muriendo en los campos de concentración. Las consecuencias de la psicoadaptación son innumerables y extremadamente complejas.

A.L. tenía todo para psicoadaptarse a sus fracasos. Podría colocarse como un supersticioso, creer que era un desafortunado sin suerte. Pero él consideraba que la verdadera suerte no es gratuita, sino que se construye con trabajo arduo.

Podría incluso posicionarse como un fatalista, culpar al destino y creer que estaba programado para ser infeliz. En este caso, no tendría fuerzas para salir de su caos. Pero no se psicoadaptó, no renunció a su derecho de decidir su destino, tomar decisiones. ¿Tú has tomado las decisiones que juzgaste necesarias?

Él vivió el contenido de una frase que todos los grandes pensadores han experimentado: "Los perdedores ven la tempestad, los vencedores ven los rayos de sol por detrás de las densas nubes".

Estaba herido, pero no vencido. Estaba abatido, pero no destruido. Estaba mutilado, pero anhelaba correr la maratón. Su coraje era casi irreal, rayaba en lo increíble, pero le daba salud psíquica.

Sus flagrantes derrotas, en vez de convertirse en una pesadilla, se volvieron un romance con la vida. Sus crisis de ansiedad se transformaron en olas que rompían sobre la playa de su historia y producían señales de madurez. Se volvió un ser humano de rarísimo valor. Encontró grandeza en su pequeñez. ¿Tú has encontrado grandeza en tu pequeñez?

Nuestro soñador no pintaba cuadros, pero dibujaba pensamientos. No tallaba la madera, pero esculpía ideas animadoras. Era un artista de la vida. Algunos amigos le recomendaban que se calmara, que tuviera pena de sí mismo, que no corriera más riesgos. "Todo tiene un límite", decían. En algunos momentos necesitamos mostrar un coraje extraordinario.

Cuando le pedían silencio, de repente gritó más alto. Soñó en postularse para la vicepresidencia de su país. ¿Vicepresidencia? ¡Un ultraje! Pero él tenía algunas de las cinco características de los grandes genios:

1. Era persistente en la búsqueda de sus intereses.
2. Se entusiasmaba ante los retos.
3. Tenía facilidad para proponer ideas.
4. Tenía una enorme capacidad para influir en las personas.
5. No dependía de las opiniones de los demás para seguir su camino.

Ojalá que la educación moderna enseñara menos matemáticas, física, química, biología, y más arte de pensar. Nuestros
alumnos tendrían algunas de esas nobilísimas características de la inteligencia. El mundo sería menos rígido.

A través de su magnetismo, A.L. entró en esa nueva
campaña. Ya que no estaba en la línea del frente, estaría más
protegido, haría una campaña más segura, menos tensa.
Como vicepresidente, estaba más resguardado. Pero tendría que proponer su nombre en la convención.

El día de la votación, su ansiedad aumentó. Comenzaron a contar los votos de la convención. El resultado no de-
moró mucho.

RECIBIÓ UNA FLAGRANTE DERROTA.

Quedó fuera. Muchos pensaron que él seguramente
contagiaría con su derrotismo al candidato a la presidencia. La cruda verdad con respecto a ese hombre es que se
había convertido en uno de los más grandes coleccionistas
de fracasos de la historia. Rara vez alguien lo intentó tanto
y rara vez alguien perdió tanto.

Los amigos se alejaron Las personas no esperaban ya
nada de él. Las ventanas *killer* producían la cárcel de la
emoción. Su autoestima estaba casi en ceros, su encanto
por la vida, demolido. El pesimismo lo envolvió. Comenzó
a creer que unos nacían para la victoria y otros para el fracaso, unos para el escenario y otros para sentarse entre la
audiencia.

¿Qué harías tú después de tantos fracasos? ¿Qué harías si fueras abandonado por las personas más cercanas?
¿Qué actitud tomarías si fueras despedido del empleo en el

que apostaste todo tu futuro? ¿Qué reacciones tendrías si atravesaras una crisis financiera tan grave que no tuvieras dinero para pagar el alquiler de tu casa? ¿Cuál sería tu postura si fueras criticado públicamente, y las personas a tu alrededor dejaran de creer completamente en ti? Muchos simplemente renunciarían a sus sueños.

Un escultor de ideas, un artista de la vida

A.L. se convirtió en el "Señor Fracaso". Gran parte de las personas creían que el "Señor Fracaso" no volvería a aparecer en público, menos en el círculo de políticos y partidarios.

De repente, entró en la sede del partido un hombre de cabellos grisáceos, de piel seca y deshidratada y con las huellas del tiempo impresas en el rostro. Las personas lo avistaron, pero no creyeron en lo que veían. Se tallaron los ojos para ver mejor. "No era posible, pero era él."

Su presencia causó escándalo y reflexiones. "Ahí no hay lugar para los perdedores, sino para los vencedores", pensaban algunos. Otros imaginaron que A.L. estaba ahí para firmar una carta pública anunciando que abandonaría sus sueños para siempre. Otros incluso conjeturaban que él estaba ahí para suplicar que le dieran un empleo público.

Para sorpresa de todos, el derrotado provocó escalofríos en sus colegas al manifestar su deseo de postularse nuevamente para el Senado. "¡Postularse para el Senado!" "¡Una actitud absurda!" "¡Despierta!" "¡Mira tu pasado y cambia de rumbo!"

Hay una gran diferencia entre el individualismo y la individualidad. El individualismo es una característica enfermiza de la personalidad, anclada en la incapacidad de aprender de los demás, en la carencia de solidaridad, en el deseo de atender en primero, segundo y tercer lugar los propios intereses. Las necesidades ajenas quedan en último lugar.

Por su parte, la individualidad está anclada en la seguridad, en la determinación, en la capacidad de elección. Es, por lo tanto, una característica muy saludable de la personalidad. Lamentablemente, con frecuencia desarrollamos el individualismo y no la individualidad.

A.L. desarrolló una individualidad madura. Él quería dirigir su barco, incluso ante las turbulencias. No era radical. No era agresivo. No era egocéntrico. Era sólo un soñador. Simplemente quería ser fiel a aquello en lo que creía.

Algunos tienen éxito, pero no son fieles a su consciencia. Consiguen altas sumas de dinero de manera dudosa. Brillan ante los reflectores, pero por dentro son opacos. Quien no es fiel a su consciencia tiene una deuda impagable consigo mismo.

A pesar del pésimo historial de sus derrotas, nuestro soñador hizo una primorosa campaña para el Senado. Estaba decidido a vencer. En las calles, las personas gritaban "derrotado"; en los parques, "perdedor". Pero él miraba dentro de sí y buscaba fuerza en el mundo intangible de sus sueños.

Para A.L. cada disputa electoral era un momento mágico. Estar en la carrera era más importante que el podio. Los que valoran el podio más que la carrera no son dignos de subir a él. Él creía que la vida era una eterna conquista que posee pérdidas y ganancias. En los éxitos bebemos del cáliz de la alegría, pero en los fracasos bebemos del cáliz de las experiencias. Esta vez esperaba beber del cáliz de la alegría.

Finalmente, llegó el día de la votación. Aguardó con expectación poco común el resultado de las urnas. Esta vez tenía que ser diferente.

FUE NUEVAMENTE DERROTADO.

No tenía nada que decir. Las lágrimas dejaron el anonimato y escurrieron por las veredas de su rostro. Escondía la cara, pero lloró mucho. Era un ser humano apasionado por su sociedad, pero no tenía una oportunidad de ayudarla.

Las ventanas *killer* debían estar asesinando su capacidad de pensar, lacerando su coraje, disipando su ánimo y produciendo una reacción íntima que demostraba que él era el más infeliz de los hombres.

Parecía que esta vez A.L. se entregaría, llegaría al límite. Haría cualquier cosa, menos postularse para otro cargo, ni siquiera para el club de los fracasados. Sería controlado por el fantasma del miedo y por el monstruo de la derrota.

Sólo el silencio podría contener su indescifrable frustración.

El rocío que desea ser lluvia de verano: la gran lección

Algunas personas apostaban a que él se exiliaría en alguna zona rural o en alguna isla. Otras, menos crueles, creían que él podría llegar a ser, con mucha dignidad, director de un asilo o de un orfanatorio.

Había quien pensaba que él debía trabajar en una oficina pública, haciendo tareas monótonas y esperando el magro salario del final de mes sin reclamar ni reivindicar mejores condiciones. Un día se jubilaría y viviría callado la humillante condición de no poder pagar sus cuentas con la baja pensión recibida.

Aunque la sociedad lo considerara un representante típico de la especie de los fracasados, desde el punto de vista psicológico nuestro soñador fue un gran vencedor, aunque no hubiera ganado ningún pleito electoral. Fue un vencedor del prejuicio, de la discriminación, de la burla social, de sus inseguridades.

Las personas superficiales ven los resultados positivos como parámetros del éxito, mientras que la psicología evalúa el éxito usando como criterios la motivación, la creatividad y la resistencia intelectual. A diferencia de la mayoría de las personas, él luchó por sus sueños hasta la última gota de energía. A.L. fue un triunfador.

Schopenhauer afirmaba que jamás debíamos basar nuestra felicidad en lo que piensan los demás (Durant, 1996). A.L. siguió ese principio, pues si gravitaba en torno a la opinión de los que le rodeaban estaría condenado al ostracismo, al completo aislamiento social. Los comediantes lo usaban como personaje principal de sus chistes.

Ante el tumulto social, entró en el único lugar protegido del mundo: dentro de su propio ser. Ahí se calló y rezó la oración de los sabios: el silencio. ¿Tú conoces la fuerza de esa oración?

En los momentos más tensos de tu vida, en vez de reaccionar, busca la voz del silencio. Los psiquiatras, los psicólogos, los intelectuales, los generales, en fin, cualquier ser humano que no escuche esa voz obstruye su inteligencia, tiene actitudes absurdas, hiere a quien más merece su cariño.

Debemos grabarnos eso: en los primeros treinta segundos de tensión, cometemos los mayores errores de nuestras vidas. En los focos de tensión, bloqueamos la memoria y reaccionamos sin pensar, por instinto. En este caso, el *Homo bios* (animal) prevalece sobre el *Homo sapiens* (pensante).

Nadie imaginaba que A.L. aparecería nuevamente en escena. La última derrota parecía haber sepultado sus sueños. Sin embargo, cuando todos pensaban que él había sido derrotado por sus decepciones y se había acomodado en la posición de un astro sin luz propia, él surgió otra vez en el medio político.

Los presentes quedaron paralizados. "¡No es posible!", "¿Qué está él haciendo aquí?", se preguntaban.

Rápidamente, algunos pensaron que él estaba ahí para trabajar en la campaña de otro candidato. Tal vez había escrito un manual de campaña para que los otros candidatos hicieran todo lo contrario a lo que él había hecho. La audiencia quedó muda.

Entonces, mirando fijamente a sus viejos compañeros,

tuvo la audacia de decir: "¡Quiero postularme para presidente!". Todos quedaron perplejos.

Para Dostoievski, "dar el primer paso, proferir una nueva palabra es lo que las personas más temen". A.L. dio otro gran paso, tomó otra nueva actitud y, al vencer sus temores, hizo que otros tuvieran miedo. La reacción de A.L. hizo que el miedo a la derrota se disipara de su mente y pasara a ser un problema ajeno.

Cuando usamos las palabras para comprender las raíces del miedo y enfrentar sus tentáculos, se reedita el miedo, pues hay nuevas experiencias que se agregan en las ventanas de la memoria donde éste se encuentra. El miedo se convierte así en el nutriente del coraje.

"¿Qué? ¡Esto es insano!", pensaban. Y continuaban: "¿Puede el árbol mutilado desear los más excelentes frutos? ¿Puede un accidentado y politraumatizado correr en igualdad de condiciones y ambicionar el podio en las olimpiadas? ¿Pueden las diminutas gotas de rocío anhelar la fuerza de las lluvias de verano?".

Postularse para la presidencia de su país parecía una locura, y no un sueño. Pero cuando nos dejamos conducir por los sueños, podemos reescribir nuestra historia y construir ventanas inconscientes que ventilan nuestra emoción. Las montañas se convierten en piedras diminutas y los valles, en pequeñas depresiones. Él soñó con gobernar su país, alcanzar la igualdad entre los hombres, hacer justicia social.

Estaba desacreditado. Muchos movían la cabeza y sonreían incrédulos. Pero A.L. se levantó del caos. Estaba decidido, quería otra oportunidad. Parecía incansable. Su persistencia dejaba confundidos a los inflexibles, y con sus sueños contagiaba a sus compañeros.

Su deseo de postularse se materializó. Visitó a personas, dio conferencias, organizó reuniones de trabajo, le habló al corazón psíquico de las personas. El pleito era dificilísimo. Las dificultades, dantescas. Él se limpiaba el sudor del rostro y seguía corriendo en pos de su proyecto de vida. Parecía que deliraba en tierra seca. Nadie veía los rayos del sol, pero él vislumbraba la aurora fulgurante por detrás de las montañas.

Terminada la elección, comenzó el recuento. A.L. estaba muy ansioso. Cuando no se logra administrar la ansiedad que asfixia la emoción, es canalizada hacia la corteza cerebral, provocando síntomas psicosomáticos. Su corazón estaba acelerado; sus pulmones, sin aliento.

Su presión arterial aumentó. Sudaba mucho. Su cerebro lo preparaba para huir. ¿Huir de qué? Del monstruo de la derrota. ¿Cómo huir si éste estaba registrado en la colcha de retazos de su memoria?

Él sabía que no podía oír la voz de su cuerpo comandada por el cerebro. Tenía que escuchar a la voz de su inteligencia, costara lo que costara, al precio que fuera. Para muchos, él estaba listo otra vez para agregar un fracaso a su extenso currículo. Finalmente llegó el resultado:

ELEGIDO EL 16° PRESIDENTE DE ESTADOS UNIDOS

DE AMÉRICA

A.L. no sólo fue electo, sino que se convirtió en uno de los políticos más importantes de la historia moderna. ¿Su nombre? ABRAHAM LINCOLN. Fue el presidente que emancipó a los esclavos de su país, fue uno de los grandes poetas de la democracia moderna y de los derechos humanos.

Abraham Lincoln fue uno de los más grandes soñadores de todos los tiempos. Tuvo todos los motivos para abandonar sus sueños, pero a pesar de todas las crisis y las incontables frustraciones, jamás renunció a ellos.

"El hombre que se venga cuando vence no es digno de su victoria", pensaba el agudo escritor Voltaire. Abraham Lincoln venció, pero no se vengó de sus opositores. Sólo se burló de su propio miedo, transformó la inseguridad en osadía, la humillación en lágrimas que pulieron su personalidad, las lágrimas en piedras preciosas en el territorio de la emoción.

Sueños que nunca mueren

En 1842, Abraham Lincoln se casó con Mary Todd, una mujer inteligente, ambiciosa, de sólidos principios. Así, el viejo dicho "Detrás de un gran hombre siempre hay una gran mujer" debe ser corregido: "Al lado de un gran hombre existe siempre una gran mujer".

Las mujeres siempre dominaron el corazón de los hombres. Hoy, ellas están yendo más lejos. Están dominando el mundo, porque son más perseverantes, sensibles, éticas, afectivas. Por eso están ejerciendo mejores cargos profesionales, ocupando puestos que antes eran exclusivos de los hombres y dirigiendo un mayor número de empresas.

Las "Mary Todd" están contagiando a las sociedades modernas. Espero que ellas no se conviertan en máquinas de trabajar, como los hombres de la actualidad, para que nunca pierdan su sensibilidad y jamás dejen de soñar, como muchos de ellos.

Mary Todd influyó en la trayectoria de Abraham Lincoln, le dio apoyo en los momentos más difíciles. Lamentablemente, ocurrió una tragedia al comienzo de su segundo mandato.

El 14 de abril de 1865, Lincoln estaba en el Teatro Ford, en Washington. Tranquilo, navegaba por las aguas de la emoción mientras veía el espectáculo. No imaginaba que nunca más vería abrirse el telón del teatro, pues cerraría los ojos al espectáculo de la vida. Un exactor, que era un esclavista radical, caminó sigilosamente hasta donde estaba el presidente y le disparó un tiro de pistola en la nuca. Una bala le penetró el cuerpo, destruyendo la médula, rompiendo las arterias. Al otro día por la mañana, él moriría antes de que el rocío de la primavera se evaporara al calor del sol.

El soñador murió, pero no sus sueños. Sus sueños se convirtieron en semillas en las mentes de millones de negros y blancos que lo amaban, influyendo en todo el mundo occidental.

Abraham Lincoln hizo la diferencia en el mundo. Nunca renunció a sus sueños porque vivió uno de los diamantes de la psicología: el destino no está programado ni es inevitable. *El destino es una cuestión de elección.*

Abraham Lincoln y el 11 de septiembre de 2001

La historia de este maestro de la vida que interpreté con dosis de ficción puede ser un combustible en la mente de todas las personas que sueñan. Puede incendiar los ánimos de la sociedad estadunidense, que después del 11 de septiembre de 2001 dejó de soñar, quedó aprisionada por el miedo, por las ventanas *killer* del terror, por la imprevisibilidad del mañana.

Vi a estadunidenses muy ancianos siendo revisados y escaneados minuciosamente en los aeropuertos de Chicago y Nueva York. Todos son sospechosos. No importa lo que somos, sino lo que conseguimos probar que no somos.

El clima tenso de los aeropuertos, el control desesperante de los pasajeros, la expectativa de un nuevo ataque se volvieron fuentes de estímulos estresantes que están siendo registrados en el inconsciente colectivo de los estadunidenses, europeos e israelíes, causando un desastre psíquico sin precedentes en la historia.

No sólo el 11 de septiembre, sino también el consumismo, la competencia social, la paranoia de la estética, la crisis del diálogo han sofocado la vida de millones de jóvenes y adultos en todos los países del mundo.

La sociedad moderna se volvió psicótica, una fábrica de locura. Por desgracia, tal y como van las cosas, invertir en la industria de antidepresivos y tranquilizantes parece ser la mejor opción en el siglo XXI.

Si despiertas cansado, tienes dolores de cabeza, estás ansioso, sufres por anticipación, padeces dolores musculares, no te concentras, tienes déficit de memoria u otros síntomas, entérate de que eres normal, pues en los días de hoy es raro que alguien no esté estresado. Es raro que alguien no tenga algún trastorno mental o síntomas psicosomáticos.

Los adultos se están convirtiendo en máquinas de trabajar, y los niños, en máquinas de consumir. Estamos perdiendo la sencillez, la ingenuidad y la levedad del ser. La educación, aunque está en una crisis sin precedentes, es nuestra gran esperanza.

Si los sueños de Abraham Lincoln invadieran el inconsciente colectivo de los estadunidenses, Estados Unidos tendría otra imagen ante el mundo. No sólo sería la nación más poderosa del planeta en términos económicos, sino también la más fuerte en la defensa de la paz, de la integración de las sociedades y de la preservación del medio ambiente.

El creciente sentimiento antiestadunidense se evaporaría. Estados Unidos sería reconocido no sólo como templo económico, sino también como templo de la sabiduría. Pero ¿dónde está la sabiduría en la era de la información?

Abraham Lincoln quería liberar a los esclavos porque encontró la libertad en su interior. Desarrolló su salud mental y expandió la sabiduría en los accidentes de la vida y en los campos de las derrotas. ¿Quién valora las dificultades y los fracasos en una sociedad que pregona la paranoia del éxito?

El mago de la economía estadunidense, Alan Greenspan, que se convirtió en el presidente del banco central de Estados Unidos en las administraciones de Reagan, George Bush, Bill Clinton y George W. Bush, tuvo el atrevimiento de decir que los inmigrantes latinos son más emprendedores que la media de los estadunidenses y por eso tienen más posibilidades de progresar. ¿Por qué?

Porque ellos deben enfrentar más dificultades que los estadunidenses nativos. La observación de Greenspan tiene su respaldo en la teoría psicológica.

Los bajos salarios, las presiones sociales y el exceso de carga de trabajo generan un volumen de retos que recicla el fenómeno de la psicoadaptación, generando una revolución creativa que produce sueños de superación, lo que estimula el rescate del liderazgo del "yo", que aprovecha la construcción consciente e inconsciente de la audacia, de la determinación y de la perspicacia.

En treinta o cuarenta años, gran parte de la economía de Estados Unidos probablemente estará en manos de los descendientes de los latinos y del resto de los inmigrantes que luchan arduamente por sobrevivir en ese país.

Tenemos que soñar el sueño de libertad de Abraham Lincoln. Él enfrentó al mundo a causa de sus sueños. Desarrolló amplias áreas de la inteligencia multifocal: pensar antes de reaccionar, exponer y no imponer sus ideas, ponerse en el lugar de los demás, tener espíritu emprendedor, ser un constructor de oportunidades, tener la osadía de reeditar sus conflictos. Por todo eso, él se convirtió en el autor de su propia historia.

3

El sueño de un pacifista que enfrentó al mundo

La historia de un observador

M.L.K. era un niño observador. Amaba la libertad. Corría por las calles sin que nada pudiera contenerlo o lastimarlo. Sus sueños construían alas en su imaginación, que alzaba el vuelo en busca de la fuente del placer.

Todos buscan esa fuente, pero las dificultades de la vida y los dolores emocionales son los fenómenos más democráticos de la existencia. Conspiran contra la tranquilidad y nadie escapa a ellos, sean ricos o pobres, intelectuales o iletrados, adultos y niños. ¿Dónde están las personas que pasaron ilesas por traumas psíquicos?

No hace mucho tiempo, uno de mis pacientes lloraba desconsoladamente queriendo salir de su crisis depresiva y deseando rescatar a su hijo, que también estaba deprimido. Ese hombre tenía seis mil empleados en su empresa, pero me decía que daría todo lo que logró, y todos sus bienes, a cambio de superar su dolor y vivir días felices. De hecho, tales días no pueden comprarse, tienen que ser construidos.

La inocencia de M.L.K. pronto sería destruida. Él no imaginaba que atravesaría el valle de las frustraciones y que sus problemas se volverían tan voluminosos que intentarían cortar las alas de su libertad, encerrándolo en una dramática prisión.

Desde la más tierna infancia, su sensibilidad hacía que cualquier rechazo tuviera un efecto muy grande en los bastidores de su mente. Podía soportar los regaños, pero las reacciones de desprecio le causaban un gran impacto emocional. Por desgracia, éstas permearían los principales capítulos de su vida.

M.L.K. iba más allá de la delgada capa de color de su piel oscura, y no entendía por qué los blancos se diferenciaban de los negros. ¿Pueden los colores burlarse entre sí y que uno de ellos diga "yo soy superior"? ¿Puede el embalaje reivindicar el derecho de ser más importante que el contenido? Para él, blancos y negros tenían los mismos sentimientos, la misma capacidad de pensar, la misma necesidad de tener amigos, de ser amados y de superar la soledad.

Al poner su cabeza en la almohada, el joven M.L.K. viajaba en el mundo de sus ideas y cuestionaba: ¿por qué los negros no podían frecuentar las mismas escuelas, los mismos clubes, los mismos bancos de las iglesias o el mismo transporte público que los blancos? ¿Por qué no podían tener amigos blancos y abrazarlos? ¿No somos todos seres humanos?

Nuestro joven conoció de cerca el dolor indescifrable de la humillación. Nada lastima tanto la autoestima. Cuando un adolescente blanco le volteaba la cara, le lastimaba el alma. Cuando se reían irónicamente, él penetraba en las grutas heladas de la agonía.

Al tener una alta carga de tensión emocional, todas esas experiencias eran registradas de manera privilegiada por el fenómeno RAM en los suelos de su memoria consciente e inconsciente. Se volvió adulto precozmente.

Cuando por algún estímulo exterior o interior él leía esas ventanas, pensamientos negativos y emociones tensas invadían el teatro de su mente, robándole la escena, disipando su motivación y su encanto por la vida.

Nada era peor que esto. Estaba destinado a ser un joven ansioso y rebelde. Como la mayoría de las personas incomprendidas y emocionalmente incapacitadas, era de esperar que M.L.K. se volviera siervo de sus traumas emocionales.

Para sumarse a sus dificultades, a los 12 años M.L.K. perdió a su querida abuela. Los vínculos eran fuertes. El sentimiento de pérdida lo abatió drásticamente. El niño no lograba razonar. Perdió el placer de vivir, lloraba desconsolado, destilaba tristeza. Se sentía inseguro y desprotegido.

Su crisis fue tan grave que pensó en renunciar a la vida. Descontrolado, se lanzó del primer piso de su casa. Como toda persona que piensa en el suicidio, en realidad él quería matar su dolor y no exterminar su vida. Por fortuna sobrevivió.

Tres años más tarde hizo varios viajes. Al conocer ciudades lejanas, percibió el denso clima de violencia racial. Los blancos amenazaban a los negros. Los negros que frecuentaban lugares de los blancos eran castigados. No podían abordar los autobuses.

Esos comportamientos inquietaban al adolescente. "¿Por qué?", "¿Cuál es la base de ese rechazo?", "¿No somos todos hermanos?", pensaba. Muchas preguntas, pero ninguna respuesta le satisfacía.

Controlado por grandes sueños

Nuestro joven no presenciaba impasible la discriminación de su pueblo. Resolvió estudiar la carrera de teología, navegar por el mundo espiritual a fin de encontrar respuestas para el injusto mundo social.

Penetró en el sueño de Dios, que nunca discriminó a las personas, nunca distinguió a los ricos de los pobres, a los reyes de los súbditos, a los lúcidos de los locos. Se contagió del sueño de los derechos humanos, del respeto por la vida.

En esa trayectoria interior, conoció íntimamente la historia del Maestro de maestros. La humanidad de Jesucristo influyó en la humanidad del joven M.L.K.

Vio en él el modelo más excelente de alguien que combatía toda forma de discriminación. Al leer sobre Jesús, M.L.K. quedaba impresionado con su coraje para correr riesgos con el fin de proteger a las prostitutas y de romper las cadenas de la soledad de los miserables de su sociedad. Los sueños del Maestro de maestros aportaron combustible a los sueños de ese joven, ampliando su arte de pensar y su determinación.

Posteriormente, decidió hacer un paseo por la filosofía, tan importante pero tan abandonada en el mundo lógico e inmediatista. Después de recibir el diploma de la Facultad de Teología, se inscribió de inmediato en el curso de filosofía. Entró en contacto con las ideas de Hegel. Se adentró en el pensamiento del ilustre pensador alemán. Aprendió a no callar su voz.

Quería ser libre para pensar, pues creía que sólo una mente libre es capaz de generar personas libres (Cury, 2004). Entendió que los dictadores esclavizan porque son esclavos de sus conflictos, y los autoritarios dominan porque son dominados por las áreas enfermas de su personalidad. Quien controla la libertad de los demás nunca fue libre dentro de sí mismo.

Era un joven prometedor, podía seguir su propio camino, sus propios intereses. No obstante, prefirió dar su tiempo y su inteligencia para transformar la historia de los demás.

Cuando nuestros sueños incluyen a los demás, cuando buscan de alguna forma contribuir al bien de la humanidad, soportan más fácilmente los temblores de la vida. Cuando abrigamos sueños individualistas, éstos son tímidos, no resisten los accidentes del camino.

Enriquecer por enriquecer no tiene sentido. Ganar dinero sólo tiene sentido si es para promover mucho más que nuestra comodidad, si es usado para ayudar a los demás, aumentar la oferta de empleos, contribuir socialmente.

Tener estatus por el mero estatus es superficial. Tener éxito por el mero éxito es una estupidez intelectual. Pero tener éxito para aliviar el sufrimiento ajeno es un perfume para la inteligencia. Nada es tan poético como invertir en la calidad de vida de las personas. ¿Has hecho esa inversión?

Porque deseaba servir a los demás, M.L.K. se ponía en su lugar y percibía sus necesidades intrínsecas, de las cuales la mayor era mantener encendida la llama de la esperanza. Quería alimentar el alma y el espíritu de las personas haciéndolas creer en la vida. La mirada multifocal revela que él no se psicoadaptó al conformismo. Tenía la más profunda convicción de que sin esperanza, se marchitan la alegría de vivir y el deseo de cambiar.

Todas esas creencias hicieron que el joven soñador aprendiera una de las lecciones más profundas de la psicología: gestionó sus pensamientos, transformó su ira en capacidad de luchar, su indignación en ideales, su sufrimiento en sueños. Se convirtió en el actor principal del teatro de su mente.

Si no aprendía esa lección, no sobreviviría. Mientras que muchos retroceden al atravesar las turbulencias, él caminó en las tempestades sin miedo a mojarse. Se volvió un pensador.

El eco de las conquistas aumentó los riesgos

Pronto recibió el diploma de doctor en Filosofía. Tenía poco más de 25 años, pero era atrevido, culto y determinado. Soñaba con mostrar a los marginados que nunca debían avergonzarse de sí mismos, que nada es más digno que un ser humano.

Más tarde participó intensamente en el movimiento en pro de los derechos civiles. Fue el primero entre muchos movimientos. El ambiente era tenso. En cualquier momento podría perder la vida. Pero no lograba acallar sus sueños. Ellos gritaban en los valles secretos donde nacen las emociones. ¿Qué sueños gritan dentro de ti?

"El supremo arte de la guerra es derrotar al enemigo sin luchar", pensaba Sun Tzu. M.L.K. quería vencer la discriminación sin derramar una gota de sangre. Era un guerrero poeta. Comenzó a participar en manifestaciones y a pronunciar discursos incendiarios sobre aquello en lo que creía. En sus discursos empuñaba una bandera blanca e invisible que revelaba que los fuertes aman, los débiles odian; los fuertes incluyen, los débiles discriminan.

Al año siguiente, las amenazas aumentaron. Su casa sufrió un atentado con bomba, pero por fortuna él escapó. Querían destruir a un joven que no representaba un peligro, a no ser el de contagiar a las personas con su sensibilidad y su pasión por la vida. El fenómeno RAM registró privilegiadamente en su memoria la violencia de ese ataque terrorista.

M.L.K. leía continuamente ese registro. El escenario de su mente se volvió un torbellino de ideas tensas. En algunos momentos sintió escalofríos al imaginarse herido por el artefacto. Ese mecanismo dio origen a algunas ventanas fóbicas. El pavor lo envolvió. Ante esto, se presentó de nuevo el gran dilema de los soñadores: se dibujaron dos caminos en su mente. O enfrentaba y superaba las ventanas fóbicas, o se sometía a ellas. Cuando el miedo está presente en el anfiteatro de la emoción, no hay dos vencedores. O dominamos el miedo, o el miedo nos domina.

A los ojos del mundo, sería mejor que él renunciara y olvidara sus sueños. Muchos en su lugar los habrían enterrado. Algunos profesionistas esconden su inteligencia ante el autoritarismo de sus jefes. Algunos jóvenes sepultan su creatividad antes de presentar sus exámenes y participar en los concursos. El miedo ha enterrado millones de sueños a lo largo de la historia de la humanidad.

La vida es un juego. Podemos perder en muchos momentos, pero no podemos aceptar quedarnos en la banca de reservas. M.L.K. analizó las causas de su lucha y las consecuencias de un posible desistimiento. Así, incluso caído, se levantó. Reaccionó como Beethoven, el genio de la música.

Vamos a conocer un poco de la historia de ese gran compositor.

La sordera de Beethoven y sus sueños

Nada es más grave, para un músico, que perder la audición. Beethoven, uno de los genios de la música, la perdió después de haber creado bellas composiciones.

Los recursos médicos ineficaces lo llevaron a una profunda crisis mental. Sus pensamientos se agitaron como olas rebeldes, su emoción se convirtió en un cielo sin estrellas. No había flores en el campo de la vida. Perdió el encanto por la existencia. Dejar de oír y de componer era quitarle los cimientos a Beethoven. Así, consideró el suicidio.

Pero algo sucedió. Cuando todos pensaban que sus sueños habían sido sepultados por el inquietante silencio de la sordera, surgieron taimadamente los sueños más espectaculares en el árido suelo de su emoción. Ante su miserable condición, él decidió superarla.

O Beethoven se callaba ante su sordera, o luchaba contra ella y hacía lo que nadie jamás había hecho: producir composiciones a pesar de no escucharlas. Por lo tanto, y a pesar de ser sordo, aprendió a oír lo inaudible, aprendió a oír con el corazón. No renunció a la vida; al contrario, la exaltó. Los sueños vencieron. El mundo ganó.

Con indescriptible sensibilidad, Beethoven compuso bellísimas piezas después de perder la audición. Entre otras actitudes, escuchaba las vibraciones de las notas en el suelo.

La teoría de la inteligencia multifocal revela que las vibraciones del suelo producían ecos en su memoria, abrían innumerables ventanas donde se encontraban antiguas composiciones que, a su vez, eran reorganizadas, liberando su creatividad y haciéndole componer nuevas y encantadoras creaciones musicales.

Cuando hay sueños en el complejo teatro de la mente humana, los sordos pueden escuchar melodías, los ciegos pueden ver los colores, los abatidos pueden encontrar la fuerza para continuar. Los sueños tienen el poder de llevarnos a horizontes impensables. ¡Ojalá todos fuéramos soñadores!

M.L.K. era el "Beethoven" de los derechos humanos. Oía los sonidos punzantes de las víctimas del rechazo. Oía el dolor reprimido en lo más recóndito de quienes eran considerados indignos de ser libres. Oía a las madres llorando por saber que sus hijos no tendrían un futuro. Oía a los ancianos emitiendo gemidos inconsolables por la humillación pública. Oía a los jóvenes aferrados a las puertas cerradas de las escuelas preguntando "¿por qué?".

Esos sonidos lo impulsaban hacia el epicentro del terremoto social. Estimulaban su lucha, aun cuando estaba en la cárcel. Luchaba por lo que creía sin herir a los agresivos. Luchaba como un poeta de la sensibilidad.

Necesitamos, en las empresas, las escuelas, las instituciones, las iglesias, las sinagogas, las mezquitas, hombres y mujeres que vean más allá de la imagen y escuchen más allá de los límites del sonido.

Un artesano de la psique

Al tener una refinada percepción de la realidad, basada en sus pasiones, deseos, personalidad (Chauí, 2000), M.L.K. salió del caos, decidió subir los escarpados peñascos de la inseguridad y dar un giro a su vida. Su comportamiento sorprendió a la psiquiatría y a la psicología.

A pesar de no conocer la teoría de las ventanas de la memoria, y de no tener consciencia de que el dolor del rechazo estaba contaminando el delicado suelo de su inconsciente, él aprendió poco a poco a actuar intuitivamente como su propio psicoterapeuta. Reescribió su historia.

Montaigne, el agudo pensador francés, decía siglos atrás que "no hay nada más tonto que conducirse siempre en obediencia a una misma disciplina". Al ser un soñador, M.L.K. no viviría esa tontería, no sería "enyesado" por sus comportamientos.

Organizaba una mesa redonda para establecer un debate con sus conflictos y sus crisis, y de ese modo dejaba de ser un siervo de sus traumas. Encontró la verdadera libertad, la que se esconde en el secreto de nuestro ser.

Los grandes pensadores fueron siempre eximios cuestionadores, que usaron el arte de la duda y de la crítica para abrir el mundo de las ideas. Lamentablemente, en un mundo tan rápido y ansioso, la educación ha despreciado la herramienta de la duda y de la crítica, que son la aguja y el hilo que tejen la inteligencia. Lo que vale es la cantidad de la información, no la calidad. Noventa por ciento de la información es inútil, nunca será utilizada y ni siquiera recordada.

Nada es tan peligroso para aprisionar la inteligencia como aceptar pasivamente la información. John Kennedy dijo: "El conformismo es el carcelero de la libertad, el enemigo del crecimiento". Parece que millones de jóvenes estadunidenses olvidaron o desconocen su enseñanza. Aman el conocimiento digerido y rápido. Ingieren el conocimiento como si fuera una hamburguesa.

El resultado de la caminata interior de M.L.K. lo llevó a aprender otras nobles funciones de la inteligencia multifocal: exponer sin miedo sus ideas en vez de imponerlas, ser líder de sí mismo antes que ser líder del mundo, pensar antes de reaccionar, reaccionar positivamente a los nuevos elementos, ocupar su tiempo de forma productiva y no ser esclavo de sus pensamientos negativos.

Según Gowan y Torrance (Alencar, 1986), esas características son propiedades de los genios. Sin embargo, la genialidad más profunda no es aquella que proviene gratuitamente de la herencia genética, sino la que es confeccionada en el almacén de la inteligencia a lo largo de la vida.

M.L.K. se convirtió en un gran líder. Un líder excelente no es el que controla a sus seguidores, sino el que los estimula a tomar decisiones. No es el que hace temer, sino el que hace creer. No es el que produce pesadillas, sino el que hace soñar.

Nuestro joven comenzaba a liderar movimientos masivos. Los movimientos empezaban a hacer eco social. No pasó mucho tiempo cuando vino un resultado conmovedor: el Supremo Tribunal de su país abolió, en diciembre de 1956, la segregación en los autobuses. Los negros podían viajar en el autobús junto con los blancos.

Al principio, los negros abordaban los autobuses desconfiados, aprensivos. Mientras las ruedas giraban y ellos recibían las sacudidas del vehículo, muchos viajaban hacia dentro de sí mismos, sintiendo el estupendo sabor de la inclusión social. No es necesario tener dinero, fama o estatus social para ser rico. Quien es respetado como ser humano posee el mundo.

¿Cuántos portadores de sida no han sufrido y siguen sufriendo segregación? ¿Cuántos millones de árabes son discriminados porque algunos terroristas son musulmanes? ¿Cuántos inmigrantes ilegales se sienten como escoria social por no tener la ciudadanía en el país que los hospeda? ¿Cuántos usuarios de drogas se sienten marcados con hierro candente como los animales en el campo?

La suspensión de la segregación en los transportes públicos fue una victoria. Pero fue apenas un peldaño en la gran escalera de los derechos humanos. Los sueños continuaron y los peligros se multiplicaron. El joven pacifista pasaría por glorias y abucheos, ganancias y profundas pérdidas.

Las secuelas de las discriminaciones se perpetúan por siglos

M.L.K. sabía que la discriminación causaba heridas en la personalidad de su pueblo, pero como no era un investigador de la psicología, no entendía hasta dónde llegarían esas cicatrices inconscientes. Si el pueblo lo supiera, tendría más empuje para luchar.

Las experiencias discriminatorias se archivan de manera privilegiada en los suelos de la memoria, contaminando el inconsciente colectivo (Jung, 1998). Esas zonas de conflicto no sólo afectan a una generación, sino que son transmitidas por dos, tres o más generaciones.

¿Cómo se transmiten? No por la carga genética, sino por un complejo aprendizaje absorbido a través de los gestos, de las reacciones, de las miradas, de las bromas peyorativas, de las desigualdades, de las dificultades en el ascenso social.

Ciertos trastornos mentales, como la obsesión por las enfermedades y por la higiene, así como por el perfeccionismo, también se transmiten en la relación entre padres e hijos, y tardan algunas generaciones en remitir espontáneamente.

Cuando los hijos presencian miles de veces a una madre o a un padre preocuparse excesivamente por las enfermedades, reaccionar con desesperación ante una pequeña tos o una fiebre, ellos registran esas experiencias, adquieren zonas de conflicto, construyen ventanas enfermizas que son leídas a diario, reproduciendo la obsesión de los padres.

Si no hay una intervención consciente de la propia persona para modificar su historia, o una intervención psicoterapéutica para tratar esas zonas de conflicto, solamente los nietos o bisnietos tendrán oportunidad de quedar libres de esa obsesión.

Cuidar la calidad de la imagen que les transmitimos a nuestros hijos es cuidar su calidad de vida. Si las enfermedades mentales se transmiten culturalmente, ¡imagina cuánto se transmiten las enfermedades sociales como la violencia y la discriminación! Al querer erradicar el terrorismo de la faz de la Tierra, George W. Bush multiplicó por diez la formación de jóvenes terroristas.

La crisis social, la invasión del territorio, las muertes en combate generan experiencias dramáticas en el territorio de la emoción. Archivadas por el fenómeno RAM, producen ventanas de la memoria con alto nivel de tensión que, una vez activadas, bloquean la racionalidad del *Homo sapiens* y fomentan la agresividad. Como científico que estudia esos fenómenos psíquicos, quedo perplejo.

El terrorismo ha roto un tabú inimaginable de destructividad. Ha generado una "locura consciente". Las personas descargan su odio suicidándose para matar a los demás. Es el último grado de insania de nuestra especie. Las imágenes de los ataques terroristas son registradas en el inconsciente de miles de millones de personas, causando daños en diversos grados.

No se combate el terrorismo con armas, sino con flores que exhalan el perfume de la comprensión. Tenemos que comprender que nuestra especie está enferma. No se reedita la película del inconsciente con reacciones agresivas, sino con diálogo. A fin de cuentas, todos somos víctimas y victimarios, agresores y agredidos. La agresión genera ventanas *killer* que propician reacciones agresivas y cierran el ciclo fatal.

Las estadísticas demuestran que los soldados israelíes están renunciando a la vida. Están muriendo más por suicidio que en combate. La emoción no soporta esa sobrecarga de violencia. Si esos jóvenes que deberían estar divirtiéndose en fiestas se están matando, imagina lo que está ocurriendo en el inconsciente de los niños.

El futuro emocional de los niños judíos y palestinos,

inocentes en esa guerra de adultos, está siendo destruido: perderán el encanto por la vida, padecerán ansiedad crónica, miedo crónico del mañana, estado de ánimo triste. El terrorismo causa innumerables estragos. Los de más largo plazo son la formación de zonas de conflicto en el inconsciente colectivo y la destrucción de los sueños de varias generaciones.

Los jóvenes necesitan criticar la violencia del mundo para que la violencia registrada en ellos sea editada todos los días. Necesitan soñar con el futuro. No pueden vivir alienados, preocupados sólo por el placer inmediato. Tenemos que proclamar en las escuelas, en las iglesias, en los clubes, en las empresas, que vale la pena vivir la vida.

Es preciso que soñemos con una especie más feliz. Debemos abrazar a las personas diferentes. Tenemos que decir todos los días que no somos estadunidenses, brasileños, judíos, árabes: *somos seres humanos*. Tenemos que convencernos, así tardemos décadas, de que la vida es un espectáculo que nadie se debe perder.

Abraham Lincoln había liberado a los esclavos en la Constitución. La discriminación había sido resuelta en la ley, pero no en las páginas del libro psíquico. Los gestos, las reacciones, las desigualdades continuaban, generando millones de estímulos que alimentaron la discriminación. Las futuras generaciones siguieron teniendo cicatrices. Cien años después, M.L.K. estaba luchando contra sus secuelas.

Cuando los profesores de Historia enseñan sobre la esclavitud, sobre el terrorismo, el nazismo, las guerras, sólo proporcionando información, sin teatralizar sus clases y hacer que sus alumnos se pongan en el lugar de los que sufrieron, no están generando consciencia crítica. Ese tipo de clase puede ser dañina, pues lleva a la insensibilidad ante las atrocidades humanas.

Mientras luchaba contra los dramas de su pueblo, M.L.K. luchaba contra su propio drama, contra las secuelas de la discriminación que estaban archivadas en su inconsciente y que habían atravesado siglos.

Sólo podría realizar sus sueños si superaba las ideas negativas, vencía la humillación y se libraba de los tentáculos de la timidez y de la baja autoestima. Sus mayores enemigos estaban en su interior; solamente ellos podrían callar su voz.

Contagiar a las personas con sus sueños

Más tarde, las presiones ejercidas por M.L.K. consiguieron liberar el acceso a los lugares públicos para los negros. La sonrisa volvió al rostro de muchos. En donde entraban, miraban fascinados el interior de los edificios, los objetos y los muebles. Los blancos ya no se encantaban con la estética de los objetos y de los edificios, pues estaban psicoadaptados, pero los negros reaccionaban como niños, descubriendo un mundo que les había estado vedado.

Algunos negros ancianos se paraban ante los cuadros de los museos exclamando para sí mismos: "Qué hermoso es todo", "Qué creativa es nuestra especie". Pensaron por un momento que si los pintores, los escultores y los poetas dominaran el mundo habría más colores en la sociedad.

Sentían que eran raros los políticos que estaban preparados para ejercer el poder. El poder los seduce, los hace fuertes para recibir aplausos, pero débiles para atender las necesidades ajenas.

M.L.K. continuaba su lucha. Los movimientos se expandieron y se volvieron incontrolables. Encabezó una marcha de 250,000 personas y profirió un discurso contando su sueño de ver juntos a los blancos y a los negros. De esa marcha resultaron la Ley de los Derechos Civiles y la Ley del Derecho al Voto.

Él se conmovía con cada conquista. Quedaba extasiado al ver a los niños correr libremente por las calles persiguiendo las libélulas. Exigía poco para ser feliz. Los que exigen mucho son verdugos de sí mismos.

Tiempo después, en el lanzamiento de uno de sus libros, *El camino de la libertad*, ocurrió un grave accidente. Sufrió un atentado durante una sesión de firma de autógrafos. Una mujer negra de mediana edad, que había pasado por varios hospitales psiquiátricos, le clavó en el pecho un abrecartas.

El dolor era intenso. La sangre que manaba no era de un valiente insensible, sino la de un soñador que amaba a Dios y a la humanidad. Llevado a toda prisa al hospital, donde fue sometido a una cirugía extremadamente delicada, y sobrevivió.

Aunque el dolor le cortaba la emoción, él aplicó la técnica del Stop Introspectivo: paró, se interiorizó y reflexionó sobre su vida y los eventos que la rodeaban. Era difícil entender por qué alguien de su color había querido quitarle la vida. Muchos sucumben a las señales externas, son dominados por malos presagios, pero éste no era el caso de M.L.K.

La mujer que lo hirió probablemente proyectó en él sus fantasmas inconscientes, entre ellos las secuelas de la discriminación. En su paranoia, ella identificó a M.L.K. con los personajes perturbadores de sus delirios. Cuando no matamos a nuestros monstruos mentales, los proyectamos en alguien a nuestro alrededor (Freud, 1969).

Al recuperarse, M.L.K. comenzó a participar en varias otras marchas de protesta, y poco a poco fue sumando nuevas conquistas. Las manifestaciones se tornaron comunes y los accidentes en el camino, también.

Súbitamente, fue apresado junto con estudiantes universitarios cuando participaba en un acto público. En la prisión, la escasa luz contrastaba con las luminarias que surgían en sus sueños. Apoyaba la cabeza en las rejas, sujetaba con sus manos las frías barras de hierro y viajaba en el mundo de las ideas. Sus ojos húmedos formaban gotas perladas que recorrían los surcos de su rostro. Estaba inconforme.

Al año siguiente fue enviado nuevamente a prisión. Enfrentó otra vez las planicies de la soledad. Para muchos, la soledad es una compañera intolerable, pero para los soñadores es un brindis a la reflexión. Los que tienen grandes proyectos necesitan una dosis de soledad para elaborar sus sueños.

La juventud actual no soporta una hora de soledad. Pronto, los jóvenes profieren un grito: "¡No tengo nada que hacer!". No soportan la soledad porque no se soportan a sí mismos. No saben liberar su creatividad ni contemplar lo bello. ¿Qué estamos haciendo con nuestros jóvenes?

Ellos no tienen la culpa. El capitalismo salvaje los ha transformado en consumidores voraces, con un apetito emocional insaciable. Son víctimas del síndrome del pensamiento acelerado. Son ansiosos. La ansiedad es enemiga del silencio. Si aprendieran a usar la soledad para interiorizarse, encontrarían la fuente de la tranquilidad.

M.L.K. seguía el camino inverso al de la juventud actual. Consumía ideas y pocos productos, se embriagaba con la solidaridad y no con el individualismo. Aunque las amenazas aumentaran, su audacia progresaba. Era el actor principal de su historia. Salió de la prisión fortalecido.

A continuación participó de las grandes Jornadas por la Libertad. El deseo por la libertad es una llama que no se puede apagar. Se aquieta al calor de las amenazas, pero nunca pierde el aliento. La historia tiene de ello ejemplos elocuentes. Ninguna dictadura ha sobrevivido. Pido disculpas por insistir: la única dictadura que está sobreviviendo es la dictadura del consumismo y del síndrome SPA. Ambas retan a la psicología.

Al año siguiente, M.L.K. fue arrestado de nuevo. Aunque tenía 34 años, vivió una secuencia de prisiones sociales y de estímulos estresantes que muchos ancianos no padecieron.

Posteriormente, durante una permanencia de ocho días en la cárcel, escribió la "Carta de una Prisión en Birmigham", una carta abierta a un grupo de sacerdotes blancos de Alabama. Él quería el apoyo de todos los blancos que decían amar a Dios.

Quería que esos líderes entraran en el sueño de Dios. Dios no tiene color, no tiene raza, no discrimina, no rechaza, no hace distinción entre las personas. M.L.K. creía que la tolerancia es la herramienta de los inteligentes, y la solidaridad, la de los sabios. Vivía el riquísimo pensamiento de san Agustín: "En la esencia somos iguales, en las diferencias nos respetamos".

La lucha tenaz de M.L.K. por los derechos humanos se convertía en un perfume que contagiaba a los poetas, estimulaba a los pensadores, conquistaba a otras naciones. Pronto vino el reconocimiento. Recibió el Premio Nobel de la Paz.

Una alegría arrebatadora lo dominaba. Cobró más fuerza para luchar. El Premio Nobel de la Paz está destinado a los gladiadores que usan el diálogo como instrumento para la transformación del mundo.

Su filosofía de "no violencia" está basada en los principios del Maestro de maestros, en la psicología del perdón, en la inclusión, en el sólido amor al prójimo, en la comprensión de las causas que se esconden detrás de la cortina de los pensamientos. Su filosofía está basada también en el pacifismo de Gandhi, quien recibió asimismo una fuerte influencia de Jesucristo.

Ésta es la historia de MARTIN LUTHER KING.

Cerrando los ojos a la vida

La emoción del Nobel fue grande, pero no lo suficiente para cicatrizar las heridas emocionales. Años después, pronunció su discurso "Más allá de Vietnam". Viajó por su país defendiendo sus ideas.

Su oratoria alzaba el vuelo del espíritu humano, inspiraba a sus oyentes, los transportaba a los más altos aires de la sensibilidad. Después de tantas batallas, llegó el año de 1968. El día 3 de abril pronunció un apasionado discurso. Fue vibrante, puso en él toda su alma. Sus palabras oxigenaron a los faltos de aliento que ansiaban el aire de la fraternidad.

Las personas lo abrazaban prolongadamente. No pocas lloraban. M.L.K. acariciaba los cabellos de los ancianos y agradecía sus miradas dulces. Decía con gestos: "¡Lo vamos a lograr!".

Sin embargo, algo trágico sucedió al día siguiente. Abraham Lincoln había sido asesinado por un radical, casi un siglo antes, por ondear la bandera de la libertad. Ahora llegaba el turno de Martin Luther King de cerrar los ojos a la vida por el mismo motivo.

Un tirador blanco lo asesinó en Memphis, el día 4 de abril de 1968. Murió por sus sueños. Murió uno de los personajes más fascinantes de la historia. La bala le rozó los órganos, destruyó tejido, produjo hemorragia, pero no destruyó sus sueños.

Discurriendo sobre los sueños

Martin Luther King murió muy joven, alrededor de los 40 años. No iba en pos del estatus, de los medios, de la fama, de la gloria, sólo perseguía aquello en lo que creía. Hasta hoy, sus discursos inspiran a millones de personas a luchar por la igualdad y la libertad.

Para mí es un privilegio registrar en el libro *Nunca renuncies a tus sueños* una parte de uno de los discursos más bellos de Luther King, cuyo título es justamente "Tengo un sueño". Es de gran importancia, pues fue pronunciado el 28 de agosto de 1963 ante una gran multitud justo desde lo alto del Memorial Lincoln, en Washington.

Bajo la bandera de Lincoln, Martin Luther King fue muy profundo y conmovedor. Discurrió sobre su sueño de igualdad y justicia, usando pensamientos lúcidos, aderezados con sensibilidad e irrigados con lágrimas.

I HAVE A DREAM (*Tengo un sueño*)

Tengo un sueño en el cual un día esta nación se levantará y vivirá el verdadero significado de su credo... que todos los hombres son creados iguales...

Tengo un sueño de que algún día, en las rojas colinas de Georgia, los hijos de los esclavos y los hijos de los dueños de esclavos se sentarán juntos a la mesa de la hermandad. Ésta es nuestra esperanza...

¡Tengo un sueño! Con esta Fe, regreso al sur. Con esta Fe, arrancaremos de la montaña de la angustia un pedazo de esperanza. Con esta Fe, podremos trabajar juntos, orar juntos, ir juntos a prisión, seguros de que un día seremos libres...

Cuando dejemos que la campana de la libertad repique en cualquier aldea o pueblo de cualquier estado, de cualquier ciudad, ese día estaremos listos para levantarnos. Todos los hijos de Dios, blancos o negros, judíos o gentiles, protestantes o católicos, estarán listos para tomarse de las manos y cantar aquel antiguo himno de los esclavos:

¡Libres al fin!
¡Libres al fin!
Gracias a Dios Todopoderoso,
Somos libres al fin.

4
Un soñador que deseó cambiar los fundamentos de la ciencia y contribuir con la humanidad

A.C. tuvo una infancia difícil, pero divertida. Sus padres trabajaban en el campo cuando eran adolescentes. Tuvieron enormes dificultades financieras. De su matrimonio nacieron seis hijos. En los primeros años todos dormían en el mismo cuarto, en una casa pequeñísima.

Espacio reducido, corazón grande, la casa de A.C. era una bella confusión. Pero había alegría en la pobreza, creatividad en la escasez. Los niños hacían una fiesta con casi nada. El placer de vivir siempre penetró en las avenidas de quienes exigen poco para ser felices. Los que exigen mucho poseen un insaciable apetito psíquico.

Su madre era una fuente de sensibilidad. Afectiva, dulce, amable, pero portadora de una fobia social. Nunca salía de casa sola. Era incapaz de levantarle la voz a alguien. Para contener las batallas que sus hijos organizaban, hacía las maletas y amenazaba con irse. Entonces, se dirigía al patio trasero. Conmovidos, los niños le pedían que volviera y se tranquilizaban al menos por ese día.

Cuando A.C. tenía 5 años, su canario murió. Un familiar próximo, queriendo enseñarle el camino de la responsabilidad, le dijo que el canario había muerto de hambre porque él no lo había alimentado. Esa frase, aparentemente inofensiva, fue registrada de manera sobredimensionada en las capas íntimas del inconsciente del pequeño, generando una ventana con un alto volumen de tensión. ¿La consecuencia?

Un gran sentimiento de culpa. El fenómeno del autoflujo, responsable de producir miles de pensamientos diarios para distraernos, generar sueños y placeres, se anclaba en esa ventana enfermiza y la leía con frecuencia. A.C. lloraba escondido, pensando en el dolor del hambre de su canario.

Los pequeños gestos marcan una vida. Las palabras dulces también pueden ser cortantes. No hay padres que no se equivoquen intentando acertar. Cuántos profesores angustian a sus pequeños alumnos con actitudes impensadas. Pero ¿quién no hiere a quien ama? Somos culpables sin tener culpa.

La mejor actitud cuando nos equivocamos es reconocer el error y ofrecer disculpas. Así, enseñamos a los pequeños también a equivocarse y a superarse.

Para los niños, peor que crecer con conflictos es crecer en la ausencia completa de ellos, crecer sin dificultades, sobreprotegidos. De esa forma, no adquieren defensas para sobrevivir en una sociedad estresante. Nunca la juventud de clase media alta fue tan protegida, y nunca se volvió tan insatisfecha y ansiosa.

Por diversos motivos, A.C. creció hipersensible. Los pequeños problemas causaban un gran impacto en el territorio de su emoción. Pero las dificultades de la vida, los pleitos con sus hermanos, los juegos en las calles estimularon su personalidad. Se volvió dinámico, atrevido, impulsivo, creativo.

Soñar con las estrellas

El joven detestaba la rutina de los estudios. Vivía distraído, desconcentrado, desconectado de la realidad. Las dificultades iniciales de sus padres contrastaban con la grandeza de sus sueños.

Su padre tenía un problema cardiaco y, desde muy temprano, estimuló a su hijo a ser médico. Embarcándose en ese sueño, A.C. ambicionó ser no sólo un médico, sino también un científico. Deseaba descubrir cosas que nadie hubiera investigado, desvelar enigmas ocultos a los ojos.

Era un sueño muy grande para quien consideraba a la escuela el último lugar en el que le gustaría estar. Soñar siempre fue un fenómeno psíquico democrático. Los miserables pueden soñar más que los acaudalados, los psicóticos pueden navegar más que los psiquiatras.

Para soñar, basta con ser un viajero en el mundo de las ideas, y recorrer las avenidas de tu ser. Quien no hace ese viaje, aunque recorra los continentes, quedará paralizado en el arte de pensar. El mundo de los sueños siempre le perteneció a los viajeros. ¿Eres uno de ellos?

A.C. era famoso por comportamientos que escapaban

a lo trivial. Era sociable y afectuoso, pero marcadamente irresponsable. Le gustaban las fiestas y no los compromisos. ¿Sabes cuántos cuadernos tuvo en los dos primeros años de la enseñanza media? ¡Ninguno!

Muchos de sus compañeros eran estudiantes ejemplares. Él era un desastre. Rara vez tomaba apuntes de la materia dada en clase, a no ser cuando, en un caso extremo, pedía una hoja prestada.

No llevaba libros ni cuadernos a la escuela. Sólo se llevaba a sí mismo y, aun así, estaba ahí sólo físicamente. Sus maestros eran ilustres, pero él era un extraño en el nido. No se adaptaba al sistema escolar.

Usaba ropa extraña, sus cabellos vivían revueltos. Tenía obsesiones. Una de ellas era que no le gustaba su frente, creía que era demasiado grande. Vivía intentando cubrirla con mechones de sus cabellos. Distraído con sus ideas y sus manías, cierta vez andando por la calle chocó con un poste. Quedó atontado, casi se desmayó.

A pesar de sus tropelías, era un joven divertido. Tan divertido que, junto con un amigo, llevaba serenatas de madrugada con su guitarra. Sólo que ni él ni el amigo sabían tocar. Resultado: el sonido era tan malo que las muchachas nunca encendían la luz de su habitación para demostrar que los habían escuchado.

Cuando decía que quería ser médico, muchos se reían. Ni sus amigos más íntimos creían en él. Decir que quería ser un científico era una herejía para quien no prestaba atención a las clases. Nadie apostaba por él ni por compasión. A.C. daba motivos para eso.

Sus padres seguían siendo sus grandes incentivadores. Padre y madre pueden ser maravillosos cuando observan en sus hijos lo que nadie logra ver, cuando saben que tienen oro en el corazón a pesar de que sólo es posible percibir los guijarros.

Llegó un momento en que A.C. dejó de jugar con la vida. Decidió tomarla en serio. No quería quedar a la sombra de su padre. Quería construir su propia historia. Dejó las fiestas, el desenfreno, el convivio con los amigos, y resolvió ir en pos de sus sueños.

El viejo dicho reza: "árbol que nace torcido, jamás su tronco endereza". A los ojos de muchos, él estaba condenado a ser un fracasado. Sin embargo, A.C. no era un tronco de árbol, sino un ser humano que, como cualquier otro, poseía un gran potencial intelectual reprimido. Ejerció su capacidad de pensar y eligió sus caminos.

Tenía grandes sueños, lo que le daba una bellísima pierna para caminar. Ahora necesitaba la otra pierna, la disciplina. Tuvo que disciplinarse para transformar sus sueños en realidad. Decidió estudiar seriamente. Pagó un precio caro al dejar muchas cosas atrás. Sacrificó horas de ocio.

Estudió más de doce horas al día para entrar en la facultad de medicina. Al principio le daba vértigo y se sentía tonto, pero perseveraba. Sus sueños lo animaban, refrescaban su cansancio.

Sus seres más cercanos estaban escépticos, otros quedaban perplejos con su disposición. O él continuaba o se rendía. Era más fácil entrar en una facultad menos exigente.

Sin embargo, renunciar era una palabra que no estaba en el diccionario de A.C.

Para algunos, su proyecto era una locura, para él era el aire que lo oxigenaba. Cuando nadie esperaba nada de él, germinó en una tierra estéril. Entró en la facultad de medicina.

Parecía un joven desequilibrado, pero en el fondo siempre fue un cuestionador de todo lo que veía y escuchaba. En la facultad de medicina no fue diferente. No se tragaba la información, procuraba digerirla. A veces tenía indigestión intelectual y se metía en algunos problemas por su atrevida forma de pensar. Rara vez aceptaba una idea sin cuestionar su contenido, aunque no tuviera muchos elementos para juzgarla.

Su memoria no era privilegiada, pero tenía una refinada capacidad de observación, un deseo ardiente de huir de la rutina y crear cosas originales. Era tan crítico que a veces estaba en desacuerdo con sus profesores de psiquiatría y psicología. Su actitud era intrépida. ¿El resultado?

Escribía la materia en sus cuadernos en forma diferente a como le era enseñada. ¿Cómo puede un mero estudiante diferir de cultos profesores? No había forma de saber si era un obstinado, una persona fuera de la realidad o un amante de la sabiduría. Tal vez era una mezcla de todo eso.

Poco a poco, dibujó en su personalidad tres características que están escaseando actualmente: el arte de la crítica, el coraje para pensar y la osadía para ser diferente.

El miedo a pensar diferente ha paralizado mentes brillantes. Muchos profesionistas, empresarios, ejecutivos,

estudiantes, han asfixiado sus ideas bajo un manto de timidez e inseguridad. La inteligencia siempre ha necesitado
del oxígeno de la audacia para respirar.

Un accidente emocional

A.C. superaba con facilidad el estrés de los exámenes y las
dificultades de la vida. Nada parecía abatirlo exteriormen-
te. Sin embargo, no conocía las trampas de la emoción,
hasta que en las vacaciones del segundo al tercer año experimentó el último estadio del dolor humano. Tuvo una
crisis depresiva.

La depresión era la última cosa que las personas pensaban que él podría tener. Era sociable, estructurado, seguro,
osado y apasionado por la vida. Pero sus conflictos internos,
los pensamientos perturbadores y la influencia genética (su
madre tuvo depresión) lo llevaron al caos emocional.

La carga genética no determina si una persona padecerá
o no depresión. Sólo en algunos casos puede provocar una
sensibilidad emocional exagerada que hace que los pequeños problemas causen un gran impacto interior. Sin embargo, la educación y la capacidad de superación del "yo"
pueden hacer que las personas hipersensibles aprendan a
protegerse y así evitar el riesgo de la depresión.

A.C. no había aprendido a proteger su emoción. No sabía que eso era posible. Se deprimió. Lloró sin lágrimas.
Pero nadie se dio cuenta de su crisis, él la ocultó de sus
compañeros y de sus seres cercanos.

Como muchos, tenía miedo de no ser comprendido, recelo de ser excluido. Prefirió silenciar el dolor que gritaba en el territorio de la emoción. Su comportamiento fue inadecuado y causó riesgos innecesarios, pues la depresión es una enfermedad tratable.

Nuestro joven andaba cabizbajo y angustiado. No entendía lo que era una depresión, sus causas y consecuencias, pues todavía no había tenido clases de psiquiatría sobre el asunto. Sólo sabía que sentía una profunda tristeza y una opresión en el pecho.

Su mente estaba inquieta; sus pensamientos, acelerados y pesimistas. No era amigo de la noche ni compañero del día: tenía insomnio y desmotivación. La alegría se despidió de él como las gotas de agua se disipan en el calor.

Los amigos estaban cerca, pero eran inalcanzables. Se sentía aislado en la más profunda soledad. Nada lo animaba. El joven extrovertido y seguro fue abatido con la peor derrota, la que se inicia de dentro hacia fuera. Perdió la guerra sin nunca enfrentar una batalla. La guerra por el placer de vivir.

Sin embargo, cuando la esperanza estaba tambaleante, surgió algo nuevo. Se volcó dentro de sí mismo. Comenzó a cuestionar cuál era el sentido de su vida y cuál su postura ante su propio sufrimiento.

Se dio cuenta de que se había conformado con su drama emocional, no luchaba internamente, era un esclavo sin cadenas. Percibió también que había sofocado sus sueños, el sueño de ser un científico y de ayudar a la humanidad.

Entonces, decidió dejar de ser víctima de su miseria mental e intentar ser líder del teatro de su psique.

Comenzó a seguir la trayectoria de Beethoven, de Martin Luther King, de Abraham Lincoln y de todos los que no se conformaron con su cárcel mental. Decidió ir a la lucha contra el peor enemigo, que es el que no se ve. Emprendió una batalla en su interior. Procuró escudriñar su caos y entender los fundamentos de su crisis. Criticaba su dolor y cuestionaba sus pensamientos negativos.

Einstein quería explicar las fuerzas del universo, la relación espacio-tiempo. A.C. quería, en su desesperación, explicar las fuerzas que regían el caos del campo de la energía mental. Penetró en los pilares de su dramático conflicto. Fue audaz.

En esa trayectoria, entendió que cuando las personas están sufriendo y más necesitan de sí mismas, no interiorizan, se abandonan. ¿Tú te abandonas en los momentos difíciles?

Percibió que las sociedades modernas se habían convertido en un crisol de personas que huyen de sí mismas. Están solas en medio de la multitud, en las escuelas, en las empresas, en las familias.

A.C. aprendió rápidamente una gran lección de la inteligencia: "Cuando el mundo nos abandona, la soledad es superable; pero cuando nosotros mismos nos abandonamos, la soledad es casi insoportable".

Nace un gran observador

Aunque inmaduro, A.C. no se autoabandonó. Comenzó a tener largos diálogos consigo mismo. Si bien era inexperto, su intuición creativa y el deseo ardiente de superar su caos secreto lo llevaron a descubrir una técnica psicoterapéutica que revolucionaría su vida y la de sus futuros pacientes: "la mesa redonda del yo".

"La mesa redonda del yo" es el resultado del deseo consciente del ser humano de debatir con todos los actores que propician las enfermedades mentales, como el síndrome del pánico, la depresión o la ansiedad, ya sean los actores del pasado (contenidos en el inconsciente) o los del presente (pensamientos, sentimientos y causas externas). Es una técnica que fortalece la capacidad de liderazgo del "yo" y estimula el arte de pensar.

En esta técnica, el "yo", como agente consciente, decide ser el actor principal del teatro de la mente, y ya no más el autor secundario o, lo que es peor, un espectador pasivo. Comienza a liberar su creatividad para criticar, confrontar, discordar y repensar las causas que propician los conflictos, y para actuar contra los pensamientos negativos, las ideas mórbidas y las emociones perturbadoras generadas por esos conflictos.

Esa técnica es una inmersión interior. A.C. la usó para dejar de ser pasivo. Reunió, sin tener consciencia inicial, las bases analítica y cognitiva de la psicoterapia que llegaría a desarrollar. La primera investiga las causas y la segunda actúa en el escenario de la mente. Esas dos bases estaban separadas en la psicología moderna.

Nuestro joven debatía consigo mismo las causas conscientes e inconscientes de su depresión, y al mismo tiempo confrontaba los pensamientos derrotistas.

Pasó a criticar su sumisión a la depresión. Se preguntaba: "¿Por qué estoy deprimido? ¿Cómo comenzó todo? ¿Por qué soy un siervo de las ideas que me angustian? ¿No estoy de acuerdo en ser esclavo de mis pensamientos? ¿No me conformo con ser pasivo?".

Practicaba un debate inteligente y seguro en el teatro de su mente. Gritaba en el silencio. ¿El resultado? Nació, así, un refinado observador del funcionamiento de la mente, que poco a poco se convirtió en el autor de su propia historia.

La depresión no fue lo bastante fuerte para aprisionarlo. Salió de ella más fortalecido, humilde, comprensivo. Sus sueños se expandieron y volvieron a florecer como un campo de girasoles en las áridas planicies de la angustia.

Descubrir que el tiempo de la esclavitud no ha terminado

El trastorno emocional de A.C. lo llevó a observar el dolor desde otro ángulo. Entendió el gran dilema expuesto en este libro y que los soñadores siempre enfrentaron: *el dolor nos construye o nos destruye*. Él prefería usarlo para construirse.

La depresión fue un maravilloso instrumento para humanizarlo y convertirlo poco a poco en un científico de la psicología. Encontró una fuente de júbilo al sumergirse en su interior y descubrir qué fantástico es pensar, qué fascinante es existir, qué espectacular es tener emociones, aunque sean dolorosas.

En esa caminata interior, reconoció con convicción que somos los mayores verdugos de nosotros mismos. Sufrimos por cosas tontas, nos angustiamos por eventos futuros que tal vez jamás ocurran, gravitamos en torno a problemas que nosotros mismos creamos.

Los conflictos intangibles dejaron de atormentar a A.C. Perdió el miedo a los monstruos escondidos en los bastidores de su mente. Los enfrentó. Fue un gran alivio.

En esa escalada de investigación, comprendió que uno de los mayores errores de la psiquiatría y de la educación clásica es transformar al ser humano en un espectador pasivo de sus trastornos mentales. Se dio cuenta de que entrenar al "yo" para ser líder de sí mismo es fundamental para la salud mental. Entendió que la casi totalidad de las personas tienen un "yo" mal formado que no gestiona sus pensamientos ni protege su emoción adecuadamente.

Quedó impresionado con la paradoja del sistema social. Aprendemos a conducir autos, organizar la casa, dirigir una empresa, pero no sabemos dirigir ni intervenir en nuestras ideas y emociones tensas. Somos tímidos ahí donde deberíamos ser fuertes. Somos prisioneros ahí donde deberíamos ser libres.

Se preguntaba con frecuencia: "¿Qué ser humano es ese que gobierna el mundo exterior, pero es débil para gobernar el mundo psíquico?".

Al estudiar con dedicación la construcción de la inteligencia, A.C. comenzó también a comprender algo que le molestó: el tiempo de la esclavitud no ha terminado. Abraham Lincoln, Luther King y muchos otros lucharon contra la esclavitud y la discriminación, pero ¿dónde están las personas libres?

Comenzó a sospechar que vivimos en sociedades democráticas, pero con frecuencia estamos sujetos a la cárcel de la emoción, del mal humor, de las preocupaciones por la existencia, de la tiranía del estrés, de la dictadura de la estética, de la paranoia del estatus social y de la competencia predatoria. Las personas viven porque están vivas, pero rara vez cuestionan qué es la vida, por qué están tan ansiosas, por qué vale la pena luchar.

Se preguntaba: "¿Dónde están las personas cuya mente es un escenario de tranquilidad? ¿Dónde están las personas que contemplan lo bello, que extraen placer de las pequeñas cosas, que invierten en aquello que el dinero no puede comprar?". Las buscaba en el tejido social, pero no las encontraba.

Años después, cuando A.C. se convirtió en psiquiatra, comenzó a aplicar en sus pacientes las técnicas y los conocimientos que desarrolló en aquella época. Su primer paciente tenía un síndrome de pánico grave y crónico asociado a una fobia social. Hacía doce años que no salía de casa, no asistía a fiestas, no visitaba amigos. Era un prisionero dentro y fuera de sí.

A.C. procuró comprender las causas psíquicas y sociales de su conflicto y le pidió que hiciera una mesa redonda en su interior, y que desarrollara el arte de la crítica y de la duda contra su mazmorra mental.

El paciente rescató el liderazgo del "yo". Dejó de ser víctima de sus conflictos y pasó a ser agente modificador de su historia. En pocos meses reeditó la película del inconsciente. Resolvió el pánico y la fobia social. Encontró el tesoro de la psique: la libertad interior.

Experiencias como ésas llevaron a A.C. a entender que todo ser humano tiene un potencial intelectual reprimido debajo de los destrozos de sus dificultades, pérdidas, enfermedades mentales y activismo profesional. Felices los que lo liberan.

Pensar el pensamiento
Reírse de las propias tonterías

Después de salir de su crisis depresiva, A.C. no cesó su jornada interior. Continuó investigando y procurando descubrir cómo se transforman las emociones, y analizar cómo se construye el mundo de las ideas. ¡Era un gran atrevimiento! Los pensadores de la psicología rara vez entraron en esa senda del conocimiento.

Freud, Jung y Skinner utilizaron el pensamiento disponible para producir la teoría sobre la personalidad. El joven estudiante de medicina deseaba ir más lejos. Quería investigar el propio proceso de construcción de los pensamientos. ¿El resultado? Nunca estuvo tan confundido.

Sin embargo, paulatinamente, comprendió que cada

pensamiento, incluso los que consideramos banales, era una construcción más compleja que la construcción de una súper computadora.

Se sentía fascinado y emocionado cuando analizaba la forma en que penetramos en la memoria con la rapidez de un relámpago, en milésimas de segundos, y en medio de miles de millones de opciones rescatamos con precisión extrema los elementos que construyen las cadenas de pensamientos.

Se convenció de que el *Homo sapiens*, sea un intelectual o un mendigo, un rey o un súbdito, posee la misma complejidad de funcionamiento de la mente. Esta comprensión cambió la vida de A.C., le hizo admirar a cada ser humano. La ciencia le hizo amar a la especie humana.

Se admiraba: "¡Qué locura es pensar! Somos una fábrica de pensamientos extremadamente sofisticada, pero estamos tan atareados procurando sobrevivir que no percibimos este espectáculo".

Pensar el pensamiento se volvió para él lo que la pintura representaba para Da Vinci, la poesía para Goethe, las matemáticas para Galileo. Aunque se sintiera más confundido que seguro en los primeros años, su escalada científica lo llevó a entender que cada ser humano es un mundo por explorar. No existen diferencias en el funcionamiento de la mente humana. No existen blancos, negros o amarillos en el universo de la inteligencia.

¿Cuál es la diferencia entre árabes y judíos, estadunidenses y franceses? ¿Cuáles son las diferencias entre psiquiatras y pacientes? Tenemos diferencias culturales en la habilidad creativa, en la capacidad de organizar las ideas, pero los fenómenos que construyen todas esas diferencias son exactamente los mismos.

Amamos dividirnos, separar, discriminar, pero tenemos el mismo anfiteatro de pensamientos. Esta comprensión cambió completamente la vida del joven científico. Ya nunca volvería a ser el mismo.

Entendió que los mismos "ingenieros" que construyen los pensamientos en la mente de un científico también están presentes en un niño con síndrome de Down. La diferencia está solamente en la reserva de la corteza cerebral, en el almacén de los datos utilizados.

A.C. comenzó a investigar esos fenómenos universales y a producir así ciencia básica para la psicología, la psiquiatría, la sociología, las ciencias de la educación. La ciencia básica es el cimiento de la propia ciencia. Sin ella, el conocimiento no se expande con madurez. La ciencia básica en la química son los átomos y las partículas atómicas; en la biología son las células y las estructuras intracelulares.

En la psicología y en el resto de las ciencias humanas, la ciencia básica son los fenómenos que leen la memoria, construyen los pensamientos, transforman la emoción y estructuran el "yo". A.C. investigaba esa área. Un área que representa la última frontera de la ciencia, pues revela quiénes somos y lo que somos.

En su sueño, él no deseaba que su teoría compitiera con otras teorías, sino que pudiera producir ladrillos para unir, criticar y abrir líneas de investigación para ellas. Éste era su intrépido proyecto. Para él, las ciencias humanas estaban confinadas en tribus, teorías y disputas irracionales.

Cuestionaba el papel de la ciencia que produjo tantos avances tecnológicos, pero ninguno en el territorio de la emoción. Quería expandir la ciencia y humanizarla. La ciencia debería servir a la humanidad, y no la humanidad servir a la ciencia.

Fascinado con sus ideas, pero distraído

Muchos estudiaban el hígado, el corazón, los pulmones en su facultad, pero él estaba interesado en investigar la psique, el pequeño e infinito mundo que nos distingue como especie inteligente.

Cuando sus maestros terminaban de dar una clase práctica junto a la cama de pacientes con cáncer, cirrosis, enfisema pulmonar, sus compañeros salían, pero él se quedaba. Quería conocer la historia, los miedos, los retrocesos, los pensamientos y los sueños de sus pacientes. Adoraba entrar en su mundo.

Entendió que cada ser humano, incluso las personas más complicadas, tenía una historia fascinante. Era capaz de observar por horas a un niño o conversar prolongadamente con los ancianos. ¿Tú conoces los sueños de tus personas más cercanas? Muchos padres, hijos, maestros, compañeros de trabajo jamás conversan sobre esos asuntos unos con otros.

Poco a poco, A.C. liberó su creatividad y su consciencia crítica. A pesar de tener buenos maestros de psiquiatría, expandió sus críticas a muchas ideas que ellos enseñaban.

No estaba de acuerdo cuando enfatizaban la alteración de las sustancias químicas cerebrales, como la serotonina, en la formación de las enfermedades mentales (Kaplan, 1997). Para él, la mente humana era más compleja de lo que consideraban las neurociencias. La mente era más que una computadora cerebral.

Comprendía que en la base de la depresión y de la ansiedad existen diversos fenómenos psíquicos que actúan sutilmente y no sólo las sustancias químicas. Como estudiaba la construcción de los pensamientos, percibía que el "yo" podría convertirse con facilidad en un actor secundario en el teatro de la mente, incapaz de administrar los pensamientos perturbadores, las ideas fijas, los conflictos existenciales. Un "yo" frágil y sumiso abría las puertas para las enfermedades mentales.

Registraba todos sus descubrimientos. Los tiempos habían cambiado. En la adolescencia odiaba escribir, ahora escribía con placer. Hacía anotaciones en cualquier lugar donde se encontrara: en el interior de un autobús, en las calles, en los pasillos de la facultad. Sus bolsillos vivían llenos de papeles. Liberar el mundo de las ideas se convirtió en una aventura. Al final de la carrera, tenía varios cuadernos con anotaciones.

Como pensaba tanto, era desconcentrado y distraído. Un día en que llovía mucho, al bajarse del autobús abrió su paraguas. Al llegar al hospital de la facultad, recorrió los largos pasillos. Saludó a las personas que lo miraban sonriendo. Se sintió alegre de estar siendo observado. Después de caminar más de cien metros, entró en el ascensor y de pronto se dio cuenta de que traía el paraguas abierto. Miró a las personas un poco avergonzado, pero no se sintió cohibido. Aprendió a reírse de sus tonterías.

Si no se reía, no sobreviviría, pues esas reacciones extrañas eran comunes. Al reírse de sí mismo, su vida obtuvo más afabilidad.

Enfrentar con alegría el desierto en el matrimonio

Comenzó a salir con una estudiante de medicina. Cuando la relación echó raíces, él la asustó al hablarle de su proyecto como científico. Comentó que tenía un sueño que lo controlaba y que invertiría su vida en él. Casarse con él era correr riesgos. Enamorada, ella aceptó el riesgo.

Se casaron cuando todavía eran estudiantes, él iniciando el sexto año, ella el cuarto. Pasaron por enormes crisis financieras. En el primer año de matrimonio tenían un auto sencillo, pero faltaba dinero para ponerle combustible. Su auto se paró quince veces a media calle por falta de gasolina.

Nadie entendía por qué un médico empujaba tanto su auto por la calle. Los vecinos pensaban que se trataba de un médico, pero en verdad era sólo un estudiante de medicina. Un soñador sin dinero. Las humillaciones fueron poéticas.

En su mesa no había pollo, pescado u otros tipos de carne, no porque la pareja fuera vegetariana, sino porque las dificultades financieras eran tantas que no estaba en condiciones de comprarlos. Su esposa iba con el equivalente a diez dólares al supermercado, y todavía tenía que traer cambio. Pero eran felices en la escasez. Aprendieron a sacar placer de las cosas sencillas.

En el último año de medicina, A.C. escribía cuatro horas al día. En esa época descubrió el fenómeno de la psicoadaptación, la incapacidad de la emoción humana de reaccionar a la exposición repetida al mismo estímulo.

Este fenómeno lo llevó a entender la pérdida de la sensibilidad y la capacidad de reacción. Comprendió por qué los soldados nazis, pertenecientes a la nación que más premios Nobel había ganado hasta la década de los treinta del siglo xx, no reaccionaban cuando veían a los niños judíos muriendo en los campos de concentración.

Entendió que el *Homo sapiens* puede psicoadaptarse inconscientemente a todas las miserias sociales, como las guerras, el terrorismo, la violencia, la discriminación, y tener un conformismo enfermizo. Lo anormal puede convertirse en normal. El "yo" puede quedar impotente, frágil, destructivo y autodestructivo.

Comprendió que la frecuente exposición al dolor ajeno puede causar insensibilidad si no es trabajada adecuadamente. En menor escala, los médicos, abogados, policías, soldados y cualquier persona que trabaja continuamente con sufrimientos y fallas humanas, puede anestesiar sus sentimientos frente a las angustias ajenas.

Ellos hablan del dolor de las personas sin sentir nada. Se convierten en técnicos fríos. Tal frialdad no es una protección, sino una alienación inconsciente.

El rígido sistema académico

Hubo muchos otros descubrimientos. Sin embargo, su producción de conocimiento todavía estaba en su amanecer. Era un cuestionador que había aprendido a valorar los dos pilares principales que forman a los pensadores: el pilar de la filosofía, el arte de la duda, y el pilar de la psicología, el arte de la crítica. Comprendió paso a paso que el principio de la sabiduría no es la respuesta, sino la duda y la crítica (Durant, 1996).

Entendió que quienes no aprenden a dudar y criticar siempre serán siervos. La aceptación pasiva de las respuestas puede abortar el desarrollo de la inteligencia. Los psicópatas nunca dudan de sí mismos, nunca critican su comprensión de la vida.

Comenzó a entender algo que lo perturbaba: el sistema académico, al ser fuente de respuestas digeridas, estaba destruyendo sutilmente la formación de pensadores en todo el mundo. El conocimiento se duplicaba cada cinco o diez años, pero la formación de ingenieros de ideas estaba muriendo.

A pesar de tener una alta opinión de los maestros, A.C. consideraba que el sistema académico estaba enfermo, pues formaba universitarios para consumir información sin crítica, sin contestación. Los jóvenes se estaban convirtiendo en meros repetidores de información, sin adquirir la capacidad de enfrentar desafíos y asumir riesgos. El templo del conocimiento había perdido los fundamentos del pensamiento libre.

Al terminar la carrera, buscó una gran universidad para continuar sus investigaciones. Halló a un científico, un doctor en psicología, para exponerle sus ideas. Estaba animado con la posibilidad de recibir un incentivo. Habló rápidamente sobre su intención de investigar la construcción de las ideas, la formación de la consciencia y la naturaleza de la energía psíquica. ¿El resultado? Fue humillado.

El ilustre profesor le dijo: "¿Lo que tú quieres es ganar el premio Nobel?", y le cerró la puerta. A.C. quedó abatido por un tiempo. Sentir el dolor del rechazo es una de las peores experiencias humanas. Pero todavía creía en sus sueños.

Después buscó otra universidad, todavía más grande. Esta vez fue preparado, pues en vez de usar el habla como argumento, llevó una carpeta que contenía cientos de páginas sobre sus ideas.

Enfrentó a una banca examinadora compuesta por ilustres profesores de psiquiatría y psicología. Creía que, aunque rechazaran sus ideas, podrían por lo menos leer sus escritos y respetar su capacidad de pensar.

Una examinadora tomó su material y le preguntó rápidamente de qué se trataba. Él abrió la carpeta e hizo un breve comentario. Ella lo interrumpió preguntando quién lo había sido su mentor. Él dijo que el tema era inédito, no había un mentor.

¿El resultado? Fue más humillado todavía.

La examinadora cerró la carpeta sin hojearla. Exhalando autoritarismo y con el respaldo de toda la banca, se la devolvió diciendo que no había espacio para él en esa universidad. Le pidió que regresara a su facultad e investigara bajo la orientación de sus profesores. Poco sabía ella que él escribía las materias de manera diferente a como le enseñaban.

Los miembros de la banca no sabían que las grandes teorías, como el psicoanálisis de Freud y la teoría de la relatividad de Einstein, fueron producidas fuera de los muros de las universidades. No entendían que todo lo que es sistematizado cierra las posibilidades del pensamiento, contrae el mundo de las ideas. Nuevamente, el dolor del rechazo tocó el alma de A.C.

Después de esas experiencias, hizo varios intentos para publicar sus estudios. Visitó muchas editoriales. Esperó durante meses una respuesta. ¿El resultado? Silencio. Ninguna editorial se tomó siquiera el trabajo de enviarle una respuesta.

Enterrar los sueños en el suelo del éxito

Después de esa tercera derrota, lo mejor que podía hacer era dejar a un lado sus sueños. Tendría que abandonar la investigación y ejercer solamente la psiquiatría clínica. Necesitaba sobrevivir. A través de las técnicas que aplicaba, muchos pacientes con trastornos mentales graves daban un salto en su calidad de vida.

En su trayectoria de investigación, desarrolló nobles funciones de la inteligencia que lo hacían influir en el ambiente y crear oportunidades. Era emprendedor, intrépido, cuestionador. Se destacaba fácilmente en los ámbitos.

El resultado fue un ascenso social meteórico. Comenzó a dar conferencias y entrevistas en los medios sobre los conflictos psíquicos. En menos de dos años estaba en los principales canales de televisión de su país, y se había convertido en el consultor científico de una de las principales revistas científicas de su continente.

Tenía en los medios el espacio que muchos políticos ambicionaban, y consiguió un estatus más alto que las personas que lo rechazaron. Era un profesional reconocido y admirado. Pero había algo mal dentro de él. Era infeliz. ¿Por qué? Porque había enterrado sus sueños.

Los reflectores de los medios y los aplausos no hacían eco en su interior. Sus seres cercanos vibraban con su éxito. Pero la fama lo colocaba en un activismo intenso. No tenía tiempo para aquello que amaba.

Se dio cuenta de que tenía que hacer una elección difícil. Tendría que escoger entre el estatus social y el mundo de las ideas. Tendría que decidir entre la fama y el sueño de producir ciencia para ayudar a la humanidad. Algunos podían conciliar esas dos cosas. A.C. no lo lograba.

En pleno auge del asedio social, resolvió abandonarlo todo y buscar el anonimato. Nadie lo apoyó, sólo su esposa. Nada es tan bello como reconciliarnos con nuestros sueños. Nada tan triste como deshacernos de ellos. Muchos creían que su actitud era una locura, pero su rostro volvió a brillar. Encontró la alegría oculta reprimida en el secreto de su ser.

Queridos lectores, no sé si ustedes ya se dieron cuenta, pero la historia de A.C. es la historia de AUGUSTO CURY, mi propia historia. Decidí compartirla con ustedes para dar un ejemplo más cercano de alguien que lloró, atravesó crisis, abandonó sus sueños, los rescató e invirtió en ellos.

Los sueños requieren persistencia y valor para realizarse. Nosotros los regamos con nuestros errores, fragilidades y dificultades. Cuando luchamos por ellos, las personas que nos rodean no siempre nos apoyan ni nos comprenden. A veces nos vemos obligados a tomar actitudes solitarias, teniendo como compañeros sólo a nuestros propios sueños.

Pero los sueños, al ser verdaderos proyectos de vida, rescatan nuestro placer de vivir y nuestro sentido de la vida, que representan la felicidad esencial que todos buscamos.

Cuando tomé la actitud de luchar por mis sueños, no imaginaba los accidentes que todavía enfrentaría en el camino. No tenía idea de que en algunos momentos mi mundo se desbarataría y no tendría suelo donde pisar. Sólo sabía que había riesgos en esa jornada y que tendría que correrlos. Permíteme continuar.

Un ambiente inusitado

Quería encontrar un lugar único para escribir. Salí de la capital de São Paulo y me fui al interior. Construí mi casa y mi clínica en el centro de un bosque. Ahí también establecí mi consultorio. Comencé todo otra vez. Pero me preguntaba: "¿Quién buscaría a un psiquiatra en el centro de un bosque? ¿Tendría que enfrentar una nueva crisis financiera?". Sin embargo, poco más de un año después, mi agenda estaba llena.

Al vivir en el centro de un bosque, ocurrieron cosas poco comunes. Dos veces entraron víboras en la sala de espera, que daba hacia un bello mural de árboles nativos.

Con buen humor, enseñé a mis pacientes a pensar. Los calmaba diciéndoles que el problema no eran las serpientes de los bosques, que sólo atacan si se ven amenazadas, sino las serpientes de las ciudades (la violencia social) y las víboras de nuestra mente. Son ellas quienes envenenan la salud mental. Nadie puede hacerle tanto mal al ser humano como él mismo.

Mi objetivo principal como psiquiatra y psicoterapeuta era estimular a mis pacientes a ser autores de sus historias. Cierta vez me buscó un ingeniero y profesor universitario con un grave cuadro obsesivo. Hacía veinte años que se atormentaba con innumerables imágenes diarias de un cuchillo que entraba en el pecho de su hijo, o con imágenes de su propio cuerpo mutilado en un accidente automovilístico.

Había pasado por once psiquiatras, había tomado todo tipo de medicamentos sin obtener una mejoría. Había recibido el diagnóstico equivocado de ser un psicótico, pues a pesar de ser esclavo de las imágenes que pensaba, tenía consciencia de que eran irreales. En los últimos cuatro años se había aislado dentro de su cuarto, donde vegetaba y lloraba. Rara vez alguien vivió en un calabozo tan intenso.

Al tratarlo, le expliqué lo que era la construcción multifocal de pensamientos. Comenté que o era él quien gobernaba sus pensamientos, o sería dominado por ellos. Lo animé a criticar cada pensamiento de contenido negativo y a reescribir su historia.

El ingeniero de profesión pasó a ser un ingeniero de ideas. Aprendió a gestionar sus pensamientos y a proteger su emoción. Mejoró tanto después de algunos meses que, por extraño que parezca, su esposa cayó en depresión y tuvo que recibir tratamiento. No sabía quién era el que dormía a su lado, pues ella se había casado con una persona enferma.

En otra ocasión, atendí a un paciente de raza negra con una autoestima bajísima, inseguro y bloqueado, tanto por sus problemas como por el hecho de no poder pagar la consulta. Al percibir su bloqueo, lo miré a los ojos y le pregunté con firmeza: "¿Quién es más importante, usted o yo?".

El paciente quedó estupefacto con la pregunta. Respondió sin dudar: "¡Usted!". Yo reaccioné: "Nunca diga eso. No importan sus conflictos ni su situación financiera, usted es tan importante como yo, tan capaz como yo, tan digno como yo". Durante el tratamiento, dejó de ser la marioneta de sus miserias mentales y comenzó a ser el director del escenario de su mente. Encontró rocío en sus mañanas.

Al investigar el funcionamiento de la mente y utilizar las herramientas psicológicas subutilizadas en cada ser humano, muchos pacientes crónicos y con enfermedades resistentes expandían el arte de pensar y daban un salto de calidad en su salud mental. Los resultados me llevaron a tener la oportunidad de atender pacientes de otros países.

Yo no sólo ayudaba a mis pacientes, también aprendía de ellos. Para mí, todos tienen algo que enseñar, incluso un paciente psicótico, cuyos parámetros de la realidad están desorganizados.

Aprendí a amar tanto mi trabajo que lograba encontrar riquezas en los escombros de los obsesivos, de los ansiosos, de los depresivos, y hasta de las personas que pensaban en el suicidio.

Creo que todo ser humano posee herramientas para ser un pensador. El reto consiste en llevar a cada uno a encontrarlas. El problema es que la gran mayoría de las personas conoce, como máximo, la sala de espera de su propio ser. Tú puedes admitir que las personas no te conozcan, pero jamás debes ser un extraño para ti mismo.

Una síntesis de los descubrimientos

Mi producción científica se intensificó, obligándome a reducir mis consultas. Comencé a escribir más de veinte horas por semana, después treinta. Una vez me senté a las nueve de la mañana y me levanté de la silla a la una de la madrugada sin ninguna interrupción. Estaba absorto en mis sueños.

Los años pasaron. Tuve tres hijas. Estoy enamorado de ellas. Invertí tiempo adentrándome en su mundo y dejándolas conocer mis aventuras, pérdidas, problemas, proyectos. Quería quedar fotografiado en los territorios de sus memorias. Ellas aprendieron a amar mis historias. No quería ser grande externamente, sino grande en el corazón emocional de mis hijas.

Mi esposa siempre fue maravillosa. Tenía una gran paciencia conmigo, pues como escribía mucho, rara vez llegaba a tiempo a los compromisos sociales. El problema es que los años pasaban y mi teoría era tan compleja que no lograba terminarla.

Cierta vez, mi hija Camila, que en esa época tenía 11 años, me hizo una pregunta fatal sobre el libro que ella sabía que yo estaba escribiendo desde antes de que ella naciera: "¿Papá, cuándo vas a terminar tu libro?".

Me pasé las manos por el rostro, la miré y simplemente no pude darle una respuesta. Mi esposa se adelantó y en una de las raras veces que perdió la paciencia conmigo, dijo: "Hija mía, tu papá nunca va a terminar ese libro. Porque el día que lo termine, se morirá...".

Por fortuna, pasados más de 17 años, terminé los principios básicos de mi teoría y no morí. Escribí más de tres mil páginas. Hablo con humildad, pero creo que hice importantes descubrimientos que probablemente reciclarán algunos pilares de la ciencia durante el siglo XXI.

Es probable que esos descubrimientos vengan a cambiar la manera en que nos vemos a nosotros mismos, en que entendemos nuestra especie. Somos más complejos de lo que la ciencia se imaginaba.

El problema es que, a pesar de amar a mi país, sé que no valora a sus científicos, principalmente a aquellos que desarrollan teorías, que son fuentes de investigaciones, fuentes de tesis.

Dado que mis descubrimientos son muchos, citaré brevemente sólo algunos. Esos descubrimientos tienen innumerables aplicaciones que podrían sorprender al lector. Por favor, no te preocupes si no entiendes todas las cuestiones que mencionaré a continuación. Incluso yo demoré casi dos décadas en entenderlas y todavía sigo aprendiendo.

1. *No existe un recuerdo puro del pasado como la humanidad siempre creyó, y como afirman miles de maestros y psicólogos de todo el mundo. El pasado siempre es reconstruido en el presente con microdiferencias, debido a las variables multifocales que participan en el proceso de lectura de la memoria. El presente relee el pasado en un proceso continuo, lo que indica que hay una revolución creativa en cada ser humano.*

La primera implicación de ese descubrimiento es que la educación que se practica en todas las naciones modernas que ponen énfasis en el proceso del recuerdo exacto está equivocada. Las pruebas escolares que exigen la reproducción de la materia enseñada por los maestros destruyen la formación de pensadores y generan repetidores de información.

La memoria no es un banco de datos, sino un soporte de la creatividad. Es posible dar la calificación máxima a un alumno que se equivocó en todos los datos. Se debe analizar la inventiva, la originalidad, el razonamiento esquemático en los exámenes, y no sólo la información objetiva.

2. *El registro en la memoria es involuntario, producido por el fenómeno* RAM *(registro automático de la memoria).*

Primera implicación: en dos años en que los alumnos permanecen sentados en hileras en el salón de clases, registran miles de imágenes que producen traumas mentales que pueden perpetuarse por toda la existencia. Esas imágenes provocan un bloqueo intelectual, establecen una jerarquía entre los alumnos, producen timidez, inseguridad y dificultad para debatir las ideas en público. Millones de personas en el mundo tienen traumas que fueron producidos por las escuelas.

La educación moderna es productora de enfermedades emocionales. Los alumnos deberían sentarse en semicírculo, o en "U" para poder debatir las ideas y no ser frágiles espectadores pasivos.

Segunda implicación. Es posible estimular el fenómeno RAM de los niños autistas, ampliar el registro de las experiencias psíquicas, expandir la capacidad de pensar y construir vínculos afectivo-sociales.

3. *La memoria se abre por ventanas, que son territorios de lectura, y es el estado emocional el que determina el grado de apertura de dichas ventanas. Si la emoción está tensa, cierra las ventanas y bloquea la racionalidad, llevando al ser humano a reaccionar por instinto, como un animal. Si la emoción está serena y tranquila, se abren las ventanas de la memoria y se expande el arte de pensar.*

Primera implicación: en los primeros treinta segundos de tensión cometemos los peores errores de nuestras vidas. Herimos a quien más amamos. Muchos cometen suicidio, homicidios, actos violentos en ese periodo. La mejor respuesta cuando estamos tensos es no dar respuesta. Es hacer la oración de los sabios: el silencio. Es pensar antes de reaccionar.

Segunda implicación: debe haber música ambiental en el salón de clases (clásica, de preferencia), para cruzar la información lógica con el estímulo emocional provocado por la música. Ese procedimiento, asociado a la disposición de los alumnos en "U" en el salón de clases, reduce el estrés de maestros y alumnos, mejora la concentración y el rendimiento intelectual. También debería haber música ambiental y oficinas sin divisiones en las empresas para disminuir el estrés y mejorar el rendimiento intelectual de los empleados.

Ante ése y otros descubrimientos, desarrollé el Proyecto Escuela de la Vida,[*] constituido por diez técnicas psicopedagógicas de fácil aplicación en los salones de clases de cualquier sociedad.

Estas técnicas trabajan el funcionamiento de la mente y educan la emoción, estimulando así el placer de aprender, la prevención de trastornos mentales, suicidios, violencia (fenómeno *bullying*) y formando pensadores. Cientos de escuelas están aplicando gratuitamente este proyecto y experimentando finalmente una revolución educativa.

4. *La construcción de pensamientos es multifocal. Hay cuatro fenómenos que participan en esa construcción:*

---

[*] El Proyecto Escuela de la Vida está contenido en el libro *Padres brillantes, maestros fascinantes,* publicado por Editorial Océano.

a) El "yo" (representa la capacidad consciente de decidir).

b) El fenómeno del autoflujo, que produce miles de pensamientos diarios, que a su vez generan la mayor
   fuente de entretenimiento (pensamientos saludables)
   o de terror psíquico (pensamientos perturbadores).

c) El fenómeno de autorrevisión de la memoria (gatillo
   de la memoria, que define los estímulos, es decir, des-
   cifra instantáneamente las imágenes y los sonidos
   del entorno).

d) El ancla de la memoria (ventanas de la memoria, que
   son áreas específicas de lectura). Los tres últimos fenómenos son inconscientes.

El conocimiento sobre la construcción multifocal de los pensamientos llevará a una revisión y expansión de los fundamentos de la psicología, pues revela que nuestra mente es
mucho más compleja de lo que las teorías habían planteado
hasta hoy.

Freud, Jung, Adler, Skinner no tuvieron oportunidad de
investigar y entender que el "yo" no es el único actor del
teatro de la mente. Existen otros tres actores secundarios
que pueden enriquecer la personalidad o destruirla, libe-
rarla o aprisionarla.

Primera implicación: pensar es el destino del *Homo
sapiens* y no sólo una opción consciente. Ningún ser humano logra interrumpir la construcción de pensamientos. Si el "yo" no produce cadenas de pensamientos por el
deseo consciente, los otros fenómenos inconscientes los

producirán. Por lo tanto, sólo es posible gestionar la construcción de pensamientos.

Segunda implicación: sin gestionar la construcción de pensamientos, no es posible prevenir los trastornos mentales, promover el arte de pensar y generar líderes de sí mismos.

Dado que el sistema académico mundial (de preescolar a la universidad) no preparó, en los últimos cinco siglos de difusión en las escuelas, al ser humano para ejercer esa gestión, vivimos una gran paradoja: nos volvimos gigantes en la ciencia, pero niños en cuanto a la madurez psíquica.

Tercera implicación: perdemos el instinto de conservación de la especie por no estudiar el funcionamiento de la mente y entender los fenómenos que construyen las complejas cadenas de pensamientos. No percibimos que esos fenómenos son exactamente los mismos en todo ser humano. Por lo tanto, desde el punto de vista psicológico, no hay blancos, negros, judíos, árabes, estadunidenses, reyes, súbditos. Las guerras, la discriminación, las competencias comerciales predatorias y el terrorismo son frutos de la autodestrucción de una especie que desconoce el funcionamiento de su mente y no honra el arte de pensar.

Si los emperadores romanos, Stalin, Hitler y los dueños de esclavos hubieran conocido y refinado su propia inteligencia, jamás habrían sido dictadores. Esclavizaron porque fueron esclavos dentro de sí mismos. Sólo el conocimiento sobre sí mismo y el amor por la especie humana liberan al *Homo sapiens* de sus locuras.

5. *Tuve la felicidad de descubrir el síndrome del pensamiento acelerado (SPA) y la infelicidad de saber que la mayor parte de la población mundial es portadora de ese síndrome.*

El SPA se deriva del aumento exagerado de la construcción de pensamientos por parte de los cuatro grandes fenómenos que acabo de citar. Nos metemos peligrosamente con la caja negra del funcionamiento de la mente a través del exceso de información (el conocimiento se duplica cada cinco años, mientras que en el pasado se duplicaba cada doscientos años), del exceso de estímulos de la televisión, de la paranoia del consumismo, de las presiones sociales, de la competencia excesiva.

Primera implicación: millones de personas tienen algunos de los síntomas del SPA: mente agitada, sufrimiento por anticipación, sobrecarga de la corteza cerebral, fatiga excesiva, déficit de concentración, olvidos, dificultad de contemplar lo bello en los pequeños estímulos cotidianos, síntomas psicosomáticos. En las sociedades modernas, lo normal es estar enfermo y estresado, lo anormal es ser saludable, tener tiempo para amar, soñar, contemplar las cosas simples.

Segunda implicación: al estar colectivamente enferma con el síndrome SPA, la juventud mundial viaja en sus fantasías e ideas, no se concentra, tiene conversaciones paralelas y altera el ambiente del salón de clases. Tales comportamientos no sólo ocurren por indisciplina, sino principalmente como un intento de aliviar la ansiedad que se deriva de ese síndrome. El sistema social construido por los adultos cometió un crimen contra la mente de los jóvenes. Ellos perdieron el apetito de aprender, están insatisfechos, ansiosos, necesitan mucho para conquistar poco en el territorio de la emoción.

6. *Cuestioné, como dije, el modelo biológico de los trastornos mentales, como la depresión y el síndrome de pánico, basado en el énfasis simplista de la acción de los neurotransmisores como la serotonina, la adrenalina y la noradrenalina.*

Primera implicación: aunque puedan tener una influencia biológica, los trastornos mentales son producidos, en última instancia, por la acción enfermiza de los fenómenos que construyen las cadenas de pensamientos y las reacciones emocionales y por la dificultad del "yo" para ejercer su papel de ser el autor de su propia historia.

Segunda implicación: los antidepresivos y tranquilizantes deberían ser actores coadyuvantes del tratamiento psíquico. Como vimos, el "yo" debe ser trabajado para ejercer el papel de actor principal en el teatro de la mente; en caso contrario, será víctima de sus miserias psíquicas. Estos descubrimientos abrirán nuevas perspectivas para la psiquiatría y la psicología clínica.

7. *Detecté tres tipos fundamentales de pensamientos y su naturaleza: el pensamiento esencial, el pensamiento dialéctico y el pensamiento antidialéctico. El pensamiento esencial es inconsciente, surge en milésimas de segundo después de la lectura de la memoria, y tiene una naturaleza real y*

concreta. Prepara una pista de despegue para la producción de los pensamientos conscientes, que son de naturaleza virtual, generando la comprensión de que somos seres únicos en el escenario de la existencia.

Primera implicación: la naturaleza virtual de los pensamientos conscientes lleva al *Homo sapiens* a dar un salto indescifrable en la comprensión de la realidad de su mundo psíquico y del mundo exterior. La virtualidad del pensamiento liberó a la mente humana, por eso hablamos del pasado, aunque éste no volverá, y sobre el futuro, aunque sea inexistente.

Segunda implicación: la naturaleza virtual de los pensamientos conscientes, al mismo tiempo que expandió la mente humana para comprender la realidad, debilitó la actuación del "yo" como gerente o líder de la psique.

Para intentar explicar mejor este asunto, imagina una pintura que tiene un sol, un lago y árboles. El pensamiento dialéctico es la descripción del paisaje, el pensamiento antidialéctico es la imagen en sí y el pensamiento esencial es el pigmento de la tinta. La única cosa real en la pintura es el pigmento de la tinta. Las imágenes y la descripción de las imágenes son bellas, pero virtuales.

La última frontera de la ciencia es estudiar la naturaleza de los pensamientos. La gran pregunta es: ¿puede el pensamiento consciente, que es de naturaleza virtual, cambiar la emoción (angustia, ansiedad, fobias, agresividad), que es de naturaleza real? ¡Ésta es la mayor pregunta de la ciencia y pocos científicos la formularon siquiera! Preguntado de otro modo: ¿puede la imagen virtual cambiar el pigmento de la tinta?

Entendí que sí, en caso contrario el ser humano sería víctima y no agente capaz de transformar su historia. Pero no es una tarea sencilla. Es necesario que los pensamientos conscientes, que son virtuales, sean producidos con emoción, que es de naturaleza real, para intervenir en la propia emoción.

De lo contrario, ocurrirán situaciones como éstas: personas cultas viviendo en la cárcel de la emoción, sin poder cambiar su realidad, aunque muchas veces sean conscientes de lo que necesitan corregir. Algunas personas toman años de psicoterapia, conocen sus conflictos, pero no logran ser autoras de su historia.

Recuerda que para superar mi crisis depresiva usé la técnica de la "mesa redonda del yo", así como el arte de la duda y de la crítica. Esas técnicas me ayudaron a autoconocerme y a intervenir en la dinámica de mi personalidad.

8. *Preocupado por el alto índice de trastornos metales y estrés en las sociedades modernas, desarrollé el Proyecto* PAIQ[*] *(Programa de la Academia de Inteligencia de Calidad de Vida). El* PAIQ *es probablemente uno de los pocos programas mundiales de calidad de vida autoaplicable, que da acceso (gratuito o a bajo costo) a las herramientas psicológicas*

---

[*] El Proyecto PAIQ (Programa de la Academia de Inteligencia de la Calidad de Vida) está contenido en el libro *12 semanas para cambiar una vida*, publicado en Brasil por la Editorial Academia de la Inteligencia.

fundamentales para prevenir las enfermedades mentales, for-
mar pensadores y expandir las funciones más importantes
de la inteligencia, como pensar antes de reaccionar, gestio-
nar los pensamientos, proteger la emoción, superar el SPA.

Casi veinte años pasaron

Después de todos esos descubrimientos, estaba animadísimo. A fin de cuentas, había renunciado al estatus, al dinero,
a la fama, sacrificando el tiempo de mi familia y de los amigos para invertir en este proyecto.

Sin embargo, surgió un gran problema. ¿Qué editorial
publicaría un libro de tres mil páginas? No era comercial.
Entonces, me di cuenta de que los científicos son ingenuos,
se ven impulsados por los sueños sin imaginar los problemas que enfrentarán. En un esfuerzo dantesco, intenté
resumir mi texto en cuatrocientas páginas y lo envié a algunas editoriales.

Todavía quería ser anónimo. Deseaba que la fuerza de
los argumentos prevaleciera sobre mi antigua fama. Aguardaba las respuestas de las editoriales con gran expectación.

El tiempo pasó y no llegó ninguna respuesta. Cuatro
meses después, recibí la primera carta de una editorial. Me
brillaron los ojos.

Mientras abría la carta, hice una breve incursión en los
largos años de investigación. Recordé mi ardiente deseo de
contribuir a la ciencia y mejorar la calidad de vida de las
personas. Abrí la carta. ¿La respuesta? Negativa.

No querían publicar mi libro. Un libro es como un hijo. Rechazar un libro es rechazar algo que tanto amamos. Recibí un golpe en lo más recóndito de mi ser. Pero no perdí la esperanza. Pensaba que seguramente otras editoriales se interesarían por mi trabajo.

Pasado algún tiempo más, llegó otra carta. La tomé, me senté en una silla. Me sentía como un jardinero que cultivaba ideas y veía abrirse el botón de una flor. ¿El resultado? Fue nuevamente negativo. Me herí con las espinas del fracaso.

¡Todo parecía tan fácil cuando estaba en el auge de la fama! Ahora, en el anonimato, todo parecía difícil. Me recargué en el respaldo de la silla y reflexioné. No era un libro lo que yo quería publicar, era una vida. Las respuestas que recibía eran evasivas. "Su libro es interesante, complejo, pero no corresponde a nuestra línea editorial." Creía que algunas editoriales ni lo habían leído.

Miré hacia dentro de mí mismo y no renuncié. Saqué más copias de mi material y fui a una pequeña oficina de correos de la ciudad donde vivía y las envié a otras editoriales. Fueron largos meses más de espera.

Aguardé ansiosamente la respuesta. Algunas nunca llegaron. De pronto, otra carta. Había pasado más de un año. Creía que ahora sería positiva. Por desgracia, la respuesta fue nuevamente negativa.

Abatido, comencé a creer que mi teoría difícilmente sería publicada. Recordé las noches de insomnio en que me había sentido perturbado por los misterios insondables del universo de la inteligencia. Rememoré el tiempo en que me dejé absorber por mis ideas y todo el sacrificio que había hecho por ellas.

Pasado algún tiempo, llegó la cuarta respuesta. Esta vez, mi esposa vino a entregármela. Ella seguía siendo joven y bonita. Habían transcurrido muchos años desde que la asusté diciendo que pasaría gran parte de la vida invirtiendo en ese sueño. Ella corrió los riesgos junto conmigo. Soñamos juntos, lloramos juntos.

Tragué saliva. De nuevo, abrí la carta. ¿La respuesta? Negativa otra vez.

El sueño se convirtió en un delirio. Las lágrimas rodaron por las veredas de mi ser y por los rincones de su rostro.

La colección de frustraciones me paralizó. Se produjeron ventanas *killer*. Era más fácil enterrar mis sueños. Era más fácil reprimir mis ideas. A fin de cuentas, no todos los sueños se realizan.

Lo importante es intentarlo, pensé. Intenté, luché, batallé. Después de casi veinte años, ya era tiempo de descansar.

Las golondrinas trinan en la primavera

Cuando todos mis seres cercanos ya no esperaban una reacción, miré todo lo que había producido y creí en mi sueño. Reflexioné sobre los principales descubrimientos y tuve la convicción de que éstos podrían contribuir a la sociedad. Surgí de las cenizas.

De nuevo fui a la pequeña oficina de correos y volví a enviarlo. La respuesta llegó pasados algunos meses. Ya no tenía grandes expectativas. Habían sido muchos los accidentes en el camino desde los tiempos en que era un joven estudiante de medicina. ¿Qué más podría esperar? De repente, la sorpresa.

Esta vez, por fin, la respuesta fue positiva.

Una gran editorial decidió apostar por el proyecto y publicar mi teoría. La aurora se extendió en mi cielo emocional. Las golondrinas bailaban trinando en el anfiteatro de mis pensamientos. Mi sueño dejó las páginas de mi alma y conquistó las páginas de un libro. Lo publiqué con el título de *Inteligencia multifocal*, el nombre de la teoría.

Sin embargo, después de publicar el libro, recibí otro golpe. Casi nadie entendió mis textos, de tan complejos que eran.

Los asuntos relativos a la construcción de los pensamientos, a la formación de la consciencia y a la estructuración del "yo" eran nuevos y muy complicados. Incluso psiquiatras, psicólogos, educadores tenían dificultad para comprenderlos.

A pesar de eso, recibí algunos mensajes de lectores diciendo que estaban impresionados por el contenido. Algunos científicos comenzaron a usar la teoría para fundamentar sus tesis académicas. Pero pocas personas tenían acceso al contenido. Se vendieron pocos ejemplares.

Tendría que intentar explicar mi teoría en un lenguaje más accesible o esperar que un día, después de mi muerte, las personas la entendieran. En aquel momento, viví un dilema. Hay un concepto en la ciencia, perpetuado hasta el día de hoy, de que un pensador debe escribir sólo textos complejos, poco comprensibles para la mayoría de las personas. Resolví romper ese concepto. Decidí democratizar la ciencia, hacer que los descubrimientos fueran accesibles para la sociedad.

Decidí escribir libros de divulgación científica. Sabía que la prensa podría clasificar erróneamente mis textos como de autoayuda. Pero no me importó. El sueño de contribuir a la humanidad me envolvía. Así, me empeñé en una nueva y extenuante jornada.

Sentí que tenía que escribir algo inédito. Como mi primer libro trataba del proceso de construcción de pensamientos y de la formación de pensadores, tuve la idea de usar la teoría para analizar la personalidad de un gran pensador de la historia.

Necesitaba elegir a un gran personaje, complejo y fascinante. Pensé en Platón, Alejandro Magno, Freud, Einstein, John Kennedy y muchos otros. Después de mucho pensar, hice la elección que aparentemente era una locura.

Decidí analizar la personalidad de aquel que dividió la historia de la humanidad: Jesucristo. Deseaba conocer, dentro de los límites de la ciencia, cómo él protegía su emoción, cómo rescataba el liderazgo del "yo" en los focos de tensión, cómo gestionaba sus pensamientos, cómo estimulaba el arte de pensar.

Resolví, por lo tanto, entrar en un área que tal vez nadie hubiera investigado. Quería saber si él era real o fruto de la imaginación humana, fruto del ingenio de los autores que escribieron sus cuatro biografías, llamadas Evangelios.

Sabía que esa investigación podría llevarme a recibir

muchas críticas, desde los sacerdotes hasta los intelectuales. A fin de cuentas, era una osadía sin precedentes. Si hubiera estado en la época de la Inquisición, tal vez no habría sobrevivido. ¿Cómo analizar la personalidad del Maestro de maestros? ¿Cómo introducir la psicología en un área dominada completamente por la teología? Algunas de las personas más cercanas pensaron que mi actitud era audaz.

Después de un análisis exhaustivo de sus cuatro biografías en varias versiones y de evaluar las intenciones conscientes e inconscientes de sus autores, quedé perplejo y deslumbrado. Me di cuenta de que, incluso sin la paleografía (crítica de los textos) y la arqueología, la psicología podía probar que Jesucristo fue un personaje real. Pues quedé convencido de que los principios que rigen su personalidad están más allá de los límites de la imaginación humana.

Bajo la mirada de la psicología, él no solamente fue real, sino que fue encantador. Preparé dos capítulos y los propuse a mi editorial para que los evaluara. El título de este nuevo libro era *Análisis de la inteligencia de Cristo*.

A mi editor le pareció muy interesante el texto, pero me dijo que para publicarlo tendría que hacer algunas modificaciones, pues los textos eran muy audaces. Además, como el primer libro no había sido un éxito, tendría que esperar un plazo prolongado para publicarlo.

Yo respetaba a mi editor y admiraba su aptitud, pero no era posible modificar lo que pensaba. Preferí no alterar el texto. Estaba convencido de que la psicología me había llevado a descubrir cosas preciosas sobre el Maestro de maestros, que tal vez nunca habían sido comprendidas.

Quedé intrigado al darme cuenta de que él es el personaje más famoso de la historia, pero, al mismo tiempo, el menos conocido en cuanto a su personalidad. Comprendí que él alcanzó la cumbre de la salud mental y el ápice de la inteligencia en las situaciones más estresantes. Por eso me preguntaba con frecuencia: ¿qué hombre es ese que tenía todos los motivos para estar deprimido y ansioso, pero fue plenamente tranquilo y feliz?

El sueño se volvió realidad

Pasado un tiempo, publiqué el libro con otra editorial. ¿El resultado? Algo que no imaginaba. Un éxito estruendoso. Varias personas dijeron que no les gustaba leer libros, pero se quedaron leyéndolo hasta la madrugada. Rescataron el placer de la lectura. Viajaron por el mundo de las ideas.

Escribí cinco libros sobre la inteligencia de Cristo. Personas de todos los niveles intelectuales, de todas las religiones, incluso no cristianas, abrieron las ventanas de su inteligencia a través de esos libros.

Entre los muchos mensajes que recibí, una joven universitaria me dijo que ella era muy crítica y que sólo le gustaba leer a Pablo Neruda, a Camões y a los filósofos. Se había llevado varios libros para leer en las vacaciones, incluyendo el mío, pero lo dejó al último, cuando ya no tuviera otra opción.

Después de la lectura, escribió que era el mejor libro que había leído. Yo sabía que el éxito no se debía a mi grandeza como escritor, sino a la grandeza del personaje que describía. El primer capítulo de ese libro, "El vendedor de sueños", es fruto de mis investigaciones sobre la personalidad de ese fascinante Maestro.

A ése siguieron otros libros. Así, mi sueño, nacido en el caos de una depresión, encontró eco en mis lágrimas, cobró cuerpo en los oscuros pasillos de una facultad de medicina, atravesó fracasos, experimentó rechazos, se volvió, por fin, una realidad.

Hoy, más de treinta y cinco millones de personas leen mis libros todos los años en Brasil. Y ahora están siendo publicados en más de setenta países. Las editoriales que antes me rechazaron ahora ansían publicar mis libros. Pero los cimientos de mi personalidad no son mis éxitos, sino las lágrimas, dolores y fracasos que experimenté.

Actualmente, los libros están siendo adoptados en diversas facultades, como psicología, sociología, educación, derecho, etcétera, y son usados en muchas tesis de maestría y doctorado en varios países, como España, Portugal, Cuba y Brasil.

La teoría de la inteligencia multifocal está siendo estudiada en el nivel de posgrado (*lato sensu*) en diversas universidades. Varios profesionales se están especializando, aplicando y expandiendo sus ideas. Muchos se volverán escritores y científicos del área más compleja de la ciencia: el mundo donde nacen los pensamientos y se transforma la energía emocional. Todavía hay mucho por descubrir sobre lo que somos y quiénes somos. Pero ya es un gran comienzo.

Como dije, la inteligencia multifocal no compite con otras teorías, pero estudiar los fenómenos que están en los bastidores de nuestra mente puede arrojar luz a otras teorías, como la del psicoanálisis, la psicoterapia conductual, la teoría de Piaget, la teoría de las inteligencias múltiples, la inteligencia emocional.

Me alegra saber que innumerables lectores están aprendiendo a ser líderes en el teatro de su mente, lo cual es una tarea difícil, que exige entrenamiento. Hace poco, después de dar una conferencia en una universidad, una profesora me abrazó emocionada, diciendo que sufría de depresión hacía más de seis años, no había tenido éxito en el tratamiento y había intentado suicidarse. Pero, dos meses antes, leyó tres de mis libros y su salud mental dio un gran salto.

Normalmente, un libro no es capaz de producir ese efecto. Toda autoayuda es fugaz, se evapora en la apisonadora de la vida. Sin embargo, por el hecho de divulgar la ciencia, llevo a las personas a descubrir herramientas que hagan posible que rescaten el liderazgo de su "yo", reediten el inconsciente y dejen de ser víctimas de sus trastornos.

Una persona que posee una enfermedad mental debe buscar un tratamiento psiquiátrico y/o psicoterapéutico, pero el uso de esas herramientas puede acelerar el tratamiento, ser muy útil para nutrir la capacidad de decidir y afianzar la seguridad. Por eso muchos psicólogos y médicos están utilizándolas.

En Portugal, en la ciudad de Oporto, hay una Academia de Superdotados (genios),[*] que es uno de los pocos institutos

---

[*] Instituto Inteligência (Academia de Superdotados). Correo electrónico: bircham@oninet.pt

especializados en esta área en el mundo. Su director, Nelson Lima, un culto doctor en psicología, ha enseñado a sus alumnos la construcción de pensamientos a partir de la teoría de la inteligencia multifocal. El objetivo es que los superdotados aprendan a adaptarse al mundo externo conociendo el mundo interior, el fascinante funcionamiento de la mente.

La teoría de la inteligencia multifocal puede ayudar a los superdotados, pero los que tienen una inteligencia dentro de la normalidad también pueden y deben expandir el arte de pensar al entender cómo se construye la inteligencia.

Sólo avanzamos con seguridad por los caminos de la vida cuando conocemos los terrenos de nuestra personalidad.

Nuestra especie está enfermando

Muchos de los que se juzgan ateos son en realidad antirreligiosos (Nietzsche, 1997). Marx, Diderot, Nietzsche, al diferir de las actitudes religiosas e incoherentes de su época, se volvieron contra la idea de Dios.

A diferencia de ellos, yo fui un ateo científico. No sé si hubo otra persona en esas condiciones. Al ser un estudioso de la construcción de los pensamientos, investigué si Dios no era la más brillante construcción de la imaginación humana.

Sin embargo, a medida que estudiaba a profundidad el funcionamiento de la mente, descubrí que hay fenómenos que sobrepasan los límites de las leyes físico-químicas. Esos fenómenos no encajan en las dos principales teorías de la física moderna: la teoría de la relatividad de Einstein y la teoría de la física cuántica. Un día escribiré un libro sobre ese asunto.

Me di cuenta de que sólo un creador fascinante —Dios— podría concebir y explicar el fantástico teatro de la psique. La ciencia que condujo a muchos a no creer en Dios generó en mí lo contrario, quebró mi ateísmo. Me hizo distinguir la firma de Dios por detrás de la cortina de la existencia. Veo a Dios en el delirio de un psicótico, en la sonrisa de un niño, en la anatomía de una flor y, principalmente, en el mundo intangible de los pensamientos.

Me parece hermoso el hecho de que haya personas que tienen una religión, que defienden lo que creen con respeto y que son capaces de exponer y no imponer sus ideas. En cuanto a mí, no tengo ni defiendo ninguna religión. Mis investigaciones sobre Jesucristo me llevaron a ser un cristiano sin fronteras.

Como dije, mis libros no sólo son utilizados en las universidades, sino que son leídos por cristianos, judíos, islámicos, budistas, ateos. Cada persona debe seguir su propia consciencia y ser responsable de ella.

Las personas le insistían a Jesús para saber cuál era su etiqueta, cuál era su bandera. Él las miraba y decía: "Yo soy el hijo del hombre". Su respuesta era sorprendente. Ser hijo del hombre es no tener ninguna barrera, ninguna bandera que segregue, a no ser la bandera del amor, de la entrega, de la solidaridad. Él era positivamente un siervo de la humanidad. La amaba hasta los límites de lo impensable.

En el mundo político, académico y religioso (cristiano y no cristiano) existen grupos cerrados, sectarios, rígidos. En este momento exacto, en alguna parte de la Tierra, hay personas matando, hiriendo, destruyendo, combatiendo a causa de sus ideologías y de sus "verdades".

Lamentablemente, el conflicto entre los musulmanes y el sistema occidental todavía producirá capítulos dramáticos. La crisis en Chechenia, los conflictos en Sudán, el hambre en África, la miseria en América Latina, los conflictos entre las Coreas, la crisis entre la India y Paquistán son síntomas de una especie enferma.

Nuestra especie está enferma, no sólo por el estrés, por la competencia predatoria, por el individualismo, por el síndrome SPA, sino también por la falta de amor, de fraternidad, de sabiduría. Las ideas deben servir a la vida, y no la vida a las ideas. Pero aquel que no es sabio sirve a las ideas. Los peores enemigos de una idea son quienes la defienden radicalmente, incluso en la ciencia.

Los radicales valoran las etiquetas, no saben que el amor no tiene color, ideología, raza ni cultura. Por desgracia insistimos en dividirnos entre estadunidenses y árabes, judíos y palestinos, personas del Primer Mundo y del Tercer Mundo, ricos y pobres.

Necesitamos soñar con el amor. Necesitamos soñar con una humanidad fraterna, solidaria, incluyente, gentil y unida. ¿No es uno de los mayores sueños? Espero con humildad que mi teoría agregue un poco de combustible a la unidad de nuestra especie. Siempre fuimos más iguales de lo que imaginamos en los bastidores de nuestras mentes.

Los soñadores no son gigantes

Fracasé mucho, me equivoqué mucho, conocí de cerca mis limitaciones. Hoy he tenido más éxito del que merezco. El día en que crea que merezco todo lo que tengo, dejaré de soñar y de crear. Seré estéril.

Más de cien mil veces al día, miles de millones de células de nuestro corazón pulsan sin que lo percibamos. Tenemos mucho que agradecer. Los soñadores agradecen a Dios el espectáculo de la vida. Ellos no son gigantes ni personas especiales, sino personas que se caen, lloran y se levantan.

Para mostrar a los lectores que cada persona tiene tanta capacidad como yo y puede llegar incluso más lejos de lo que llegué, voy a contar una historia real y curiosa. Después de veinticinco años de formación de enseñanza médica (segundo grado), mi grupo decidió hacer una fiesta de confraternización. Fue un gusto reencontrarme con mis compañeros después de tanto tiempo. Bromeábamos unos con otros como si el tiempo no hubiera invadido nuestras vidas.

Nuestros maestros fueron homenajeados con justicia. En medio de la fiesta, un grupo de alumnos pidió silencio para homenajear a un compañero. En un ambiente de muchas risas, hicieron un teatro improvisado para mostrar cómo era nuestro comportamiento. Contaron mi historia. Me homenajearon no por ser el mejor alumno, sino por ser el más perezoso de todos.

Sonriendo, unos dijeron que yo sólo tenía un cuaderno, pero no había nada escrito en él. Otros comentaron que yo no tenía ningún cuaderno. Después de muchas carcajadas, pasaron la lista del promedio final de las calificaciones. La mía era la segunda de la lista de más de cuarenta alumnos, sólo que de abajo hacia arriba.

Mis amigos venían a abrazarme emocionados, orgullosos e impresionados de ver hasta dónde había llegado. Algunos que tenían profesiones muy humildes, pero no menos dignas que la mía, me llamaban "doctor". Yo decía: "¿Doctor? ¿Yo? No, yo soy sólo un amigo de ustedes".

Entonces, tomaba la lista de calificaciones y les mostraba que ellos eran mejores que yo. Eran más aplicados y eficientes. Al recordar las notas, se sentían animados, rescataban su autoestima. Nuevos abrazos, nuevas risas, nueva conmoción.

La vida es una universidad viva

Tiempo después, cuando estaba escribiendo este libro, me encontré con una de mis amigas de aquella época, Malu. No había tenido oportunidad de conversar con ella en la reunión. Hacía veinticinco años que no nos hablábamos.

Ella me dijo que era maestra en una escuela pública en los suburbios de una ciudad distante. De repente, me conmovió con su conversación. Comentó que hacía años que contaba mi historia a sus alumnos, que son pobres, víctimas de la violencia, que viven en medio de traficantes y no tienen esperanza de ascender socialmente.

Dijo que cuenta mi historia para estimular a sus alumnos a no tener miedo de soñar. Curioso, le pregunté qué les decía. Riendo, ella me respondió que contaba que yo era relajado, no estudiaba, vivía distraído. Mis cabellos siempre estaban alborotados. Los botones de mi camisa siempre estaban mal abrochados. La mitad de mi camisa quedaba dentro del pantalón y la otra mitad fuera. Mi comportamiento llevaba a la locura al inspector de alumnos, que era muy severo con nuestro uniforme.

Me reí mucho. Ese mismo día reuní a mis tres hijas y les conté lo que me había dicho Malu. Mis hijas se rieron bastante, pero comentaron que yo no había cambiado mucho. Bromeé con ellas, corrigiendo que cuando menos en mis conferencias voy disfrazado de traje y corbata. Todos reímos. Mis hijas y mi esposa me cuidan. Nunca sé combinar la ropa y, si me dejaran por mi cuenta, soy capaz de ponerme un calcetín de cada color.

Antes de despedirme de Malu, pregunté: "¿Sabes de dónde vengo?". Me miró sin dar una respuesta. "De la oficina de correos, donde acabo de enviar una carta a Israel". Ella quedó sorprendida. Continué: "Esa carta contiene un gran sueño, un contrato de publicación. Mis libros serán publicados en el Medio Oriente". Quedó emocionada.

Yo tengo origen judío y árabe, además de español e italiano. Los conflictos entre esos pueblos tocan las raíces de mi emoción. Sueño con ver a los niños judíos y palestinos jugando juntos en las calles de Jerusalén. Sueño con ver a los adolescentes mirando a la vida sin tener miedo del mañana.

Deseo que mis libros puedan contribuir por lo menos un poco a que el discurso de Martin Luther King haga eco en aquella región, y que los esclavos del miedo y del terror puedan al fin cantar:

"¡Libres al fin! Al fin la paz triunfó sobre el odio. Al fin descubrimos que somos hermanos, que pertenecemos a la misma especie. Al fin descubrimos que la violencia genera violencia, que los débiles condenan y juzgan, pero los fuertes perdonan y comprenden. ¡Ahora, al fin, podemos llorar, abrazar, amar y soñar juntos!"

Algunas lecciones

Algunos científicos dicen que escribí una de las teorías más complejas de la actualidad. Otros me llaman especial porque recibí el título de miembro honorario de una academia de genios o porque doy conferencias a los intelectuales. Pero no olvides que fui uno de los peores alumnos de mi escuela.

Escribí mi historia para mostrar que cualquier persona puede superarme. Como investigador de la inteligencia, estoy convencido de que mi inteligencia no es mejor que la de nadie. La más excelente genialidad se construye en los escombros de las dificultades y en los áridos desiertos de los desafíos.

Creo que no poseo la carga genética de un genio, y estoy convencido de que el anfiteatro de mi mente posee los mismos "ingenieros" (fenómenos) que construyen las cadenas de pensamientos de cualquier ser humano. Por eso, realmente ruego que muchos jóvenes y adultos, a través de la lectura de este libro, sean audaces para pensar y puedan ir más lejos de lo que yo fui. La humanidad necesita pensadores apasionados por la existencia.

Para cerrar este capítulo, me gustaría reforzar algunas lecciones que aprendí:

Aprendí que la disciplina sin sueños produce siervos que hacen todo automáticamente. Y que los sueños sin disciplina producen personas frustradas que no convierten sus sueños en realidad.

Con respecto a este punto, todavía soy una persona desorganizada, pero soy disciplinado en cuanto a mis sueños. Por eso, cuando escribo, procuro ser —más que un escritor— un escultor de ideas.

Aprendí que los sueños transforman la vida en una gran aventura. No determinan el lugar al que llegarás, pero producen la fuerza necesaria para sacarte del lugar en el que estás.

Aprendí que nadie es digno del podio si no usa sus derrotas para alcanzarlo. Nadie es digno de la sabiduría si no usa sus lágrimas para cultivarla. Nadie encontrará placer en el estrellato si desprecia la belleza de las cosas simples en el anonimato. Pues en ellas se esconden los secretos de la felicidad.

5
Nunca renuncies a tus sueños

Lo sueños no pueden morir

A lo largo de la historia muchos seres humanos conocieron la sinfonía de la incomprensión y la melodía de los rechazos. Nadie los entendía, nadie los apoyaba, nadie creía en ellos. Prisioneros en la tierra de la soledad, sólo podían contar con la fuerza de sus sueños y de su fe. Soportaron avalanchas por fuera y terremotos por dentro.

Sócrates, Platón, Aristóteles, san Agustín, Spinoza, Kant, Descartes, Hegel, Einstein y tantos otros fueron dominados e impulsados por sus sueños. Brillaron como pensadores. Sus pensamientos se volvieron la lluvia tranquila que irrigó los excelentes campos de las ideas. Pero ¿dónde están los pensadores en la actualidad?

Cientos de millones de jóvenes están en escuelas en todo el mundo, pero son víctimas de una educación en crisis.

Los maestros se están transformando en máquinas de enseñar y los alumnos, en máquinas de aprender.

El futuro de la humanidad depende de la educación. Los jóvenes de hoy serán los políticos, los empresarios y los profesionistas de mañana. La educación no necesita reparaciones, requiere pasar por una revolución.

En esa revolución, en primer lugar, es necesario que los maestros sean valorados y aligerados. Nunca una profesión tan noble fue tan desprestigiada profesionalmente. Deberían trabajar menos y ganar más.

Los maestros, desde preescolar hasta universidad, deberían tener un salario igual o mejor que los jueces, los fiscales, los psiquiatras, los psicólogos clínicos, los generales, los jefes de policía. ¿Por qué?

Porque su trabajo es tan importante como el de todos esos profesionales. Los maestros educan la emoción y trabajan en el terreno de la inteligencia para que los jóvenes no se enfermen en su mente, no se sienten en el banquillo de los acusados, no hagan guerras.

¿Quién es más importante, aquel que previene las enfermedades o aquel que las trata? La medicina preventiva es ciertamente más importante que la curativa. Los educadores son los profesionales que más contribuyen a la humanidad. Sin embargo, están en uno de los últimos lugares en la escala profesional.

Muchos profesionales son tratados con más dignidad que ellos. Lo más triste es saber que los maestros cuidan a los hijos de los demás, pero muchas veces no tienen recursos para educar a sus propios hijos.

Muchas escuelas particulares quieren pagar mejores salarios a sus maestros, pero no pueden costearlo. Los gobiernos deberían subsidiarlas, deberían rescatar también la dignidad de las escuelas públicas.

Alguien podría argumentar diciendo que los gobiernos quebrarían si hicieran fuertes inversiones en la educación. Si la mitad del presupuesto de las fuerzas armadas, del dinero gastado en las investigaciones de los antidepresivos, en el aparato policial, en el combate al uso de drogas fuera invertido en la educación, los jóvenes tendrían más oportunidades de ser menos repetidores de información y más pensadores, menos enfermos y más sabios, menos frustrados y más soñadores.

El caos de la humanidad es reflejo del desprecio que las sociedades modernas tienen por la educación. En los discursos políticos, la educación está en primer lugar, en la acción concreta está en el último.

Las sociedades que desprecian a los educadores desprecian a sus jóvenes, asfixian su futuro. De hecho, la juventud ha sido masacrada por el sistema. Nuestros hijos están perdiendo su identidad, son tratados como consumidores, un número de tarjeta de crédito.

Los índices de agresividad, ansiedad, depresión, farmacodependencia, marginación social entre los jóvenes aumentan cada vez más. Los maestros están estresados y los alumnos, ansiosos. ¿Cuándo vamos a despertar?

El exceso de conocimiento y el síndrome SPA

La crisis de la educación no sólo se debe a la desvalorización del maestro, sino también a la falla del proceso de aprendizaje. El sistema educativo es obsesivo-compulsivo. Los alumnos son puestos en el mismo programa, como si todos tuvieran personalidades iguales. El contenido y el programa de enseñanza son rígidos.

Los maestros son obligados a seguir, pues, un programa rígido. Los alumnos son bombardeados con millones de informaciones inútiles. Ellos se estresan y estresan a sus alumnos. La función de la memoria no es ser un banco de datos, sino un soporte de la creatividad.

En España, 80 por ciento de los maestros están estresados, y en Brasil, 91 por ciento. Despiertan cansados, tienen exceso de somnolencia, dolores de cabeza, dolores musculares, ansiedad, olvidos y muchos otros síntomas. La situación es semejante en todo el mundo, pues estamos enfrentando algunos problemas universales.

El sistema educativo acaba con la salud mental de los maestros y la motivación de los alumnos para construir el conocimiento. ¿El resultado? Pocos alumnos realmente aprenden, y cuando aprenden no saben para qué sirve el conocimiento que adquirieron. No existe el placer de aprender con el que soñaba Platón.

En los últimos seis meses di conferencias para más de 25,000 educadores. Muchos eran profesores universitarios. Ellos representaban un universo de más de dos millones de alumnos. Les pregunté: "¿Qué es más importante para formar un pensador, la duda o el conocimiento digerido?". Todos dijeron que era la duda. Enseguida, pregunté: "¿Qué enseñan ustedes?". Sorprendidos y honestos, dijeron que enseñaban el conocimiento digerido.

Éste es el sistema. Damos a los jóvenes el conocimiento listo y acabado. No los estimulamos a criticar, cuestionar, discrepar. Los alumnos no descubren, no crean, no se atreven a pensar, no se aventuran. El sistema, sin percibirlo, encarcela el "yo", aprisionándolo ante la audiencia, y no lo estimula a asumir su papel de director del guion de su historia.

Los maestros son poetas de la vida, pero el sistema de enseñanza, desde el nivel básico hasta la universidad, ha formado siervos. Los jóvenes no están preparados para enfrentar los desafíos externos ni los conflictos internos. No saben proteger su emoción, administrar sus pensamientos, exponer sus ideas, pensar antes de reaccionar.

El conocimiento, que se duplicaba cada dos siglos, hoy se duplica, como máximo, cada cinco años. ¿Qué hacer con todo ese conocimiento? Exigir que el maestro lo enseñe y que los alumnos lo aprendan es fabricar personas enfermas. El exceso de información excita la construcción exagerada de pensamientos, genera ansiedad y obstruye la creatividad.

Todos los grandes pensadores de la historia brillaron no por el exceso de conocimientos en la memoria, sino por su capacidad para dudar, para abrirse a lo nuevo, para recorrer áreas nunca antes pisadas, para expandir su inventiva.

El exceso de información, asociado al exceso de estímulos provocado por la televisión y al exceso de consumo han provocado, como ya comenté, el síndrome SPA (síndrome del pensamiento acelerado).

Nunca una generación tuvo un aumento tan grande en la velocidad de la construcción de pensamientos como la nuestra. Los adultos y los niños no se concentran, detestan la rutina, pierden rápidamente el placer de las cosas que logran, tienen una mente agitada. La paciencia, característica tan importante para la salud emocional, se ha evaporado. Si la computadora tarda más de un minuto en completar una operación, las personas se irritan.

Muchos se preocupan por esta situación, pero pocos perciben su gravedad. A causa del SPA, el último lugar en el que los niños y adolescentes quieren estar es en el salón de clases. ¿Ellos tienen la culpa? ¡No!

Nos hemos metido con la caja negra del funcionamiento de la mente, aceleramos peligrosamente y sin percibir el cambio de escenario de la mente de los niños y los jóvenes. Por eso ellos no reflexionan, no interiorizan, repiten los mismos errores con frecuencia, no maduran.

Además, nuestra generación quiso darles lo mejor. No queríamos que caminaran bajo la lluvia, que se lastimaran en la calle, que se hirieran con los juegos en casa, quisimos ahorrarles dificultades. Ponemos un televisor en la sala y en los dormitorios, les damos computadoras, videojuegos. Nuestros niños y nuestros adolescentes están llenos de actividades, corriendo entre cursos de idiomas, computación, judo, natación, música y danza.

La intención era excelente; el resultado, pésimo. Los padres no se dan cuenta de que los niños necesitan tener infancia, necesitan inventar, correr riesgos, frustrarse, divertirse, encantarse con las pequeñas cosas simples de la vida. No imaginan que las funciones más importantes de la inteligencia dependen de las aventuras del niño.

Creamos un invernadero para nuestros hijos y pagamos por ello un altísimo precio. El SPA provocó en ellos un apetito psíquico insaciable. Se convirtieron en la generación más insatisfecha, ansiosa, alienada, desmotivada, despreocupada por el futuro que ha pisado la faz de la Tierra. Rara vez tienen ideas, proyectos de vida, audacia, sueños.

Hace pocos días una joven de 20 años me buscó con una grave depresión. Dijo que intentó suicidarse tres veces. En la última se tiró del cuarto piso de un edificio y, por fortuna, no murió. Después de evaluar su historia, le pregunté cuáles eran sus sueños. Ella me dijo que no tenía ningún sueño.

No tenía proyectos, metas, voluntad de luchar por algo. Incluso antes de la crisis depresiva, su emoción no tenía sabor. Se sentía vacía. Le comenté que ella necesitaba no sólo tratar su depresión, sino irrigar su vida con sueños, darle un sentido a su existencia. La existencia clama por significado (Sartre, 1997).

A pesar de haber diversas excepciones, la generación de los jóvenes de la actualidad es la que tiene más cultura lógica y menos cultura emocional y existencial. Están desarrollando enfermedades emocionales no sólo por los conflictos del pasado, sino principalmente porque no están preparados para fracasar, sufrir pérdidas, llorar, competir, construir oportunidades. No saben lidiar con la soledad ni contemplar lo bello. Sus emociones son fugaces y sin raíces.

Tenemos que ayudarlos a soñar. Tenemos que estimularlos a ser ingenieros de ideas. Llevarlos a creer que son seres humanos con un enorme potencial intelectual. El futuro de la humanidad está en juego. Espero que el Proyecto Escuela de la Vida, que ya comenté, pueda contribuir para repensar la educación y estimular a nuestros jóvenes a creer en la vida.

Sueños buscados y sueños enterrados

Algunos sueños son hermosos, otros poéticos; unos realizables, otros difíciles de concretar; unos involucran a una persona, otros, a la sociedad; unos poseen rutas claras, otros, curvas imprevisibles; unos se producen rápidamente, otros necesitan años de maduración.

Hay muchos tipos de sueños. El sueño de enamorarse de alguien, de tener hijos o de conquistar amigos. El sueño de hacer una carrera, tener una empresa, tener éxito financiero para sí o para ayudar a los demás. El sueño de tener salud física y mental, de tener paz interior y de vivir intensamente cada momento de la vida.

El sueño de ser un científico, un médico, un educador, un empresario, un emprendedor, un profesionista que haga la diferencia. El sueño de viajar por el mundo, de pintar cuadros, de escribir un libro, de ser útil para el prójimo. El sueño de aprender a tocar un instrumento, de practicar deportes, de batir récords.

Muchos entierran sus sueños en los escombros de sus

problemas (Freud, 1969). Algunos soldados nunca más vuelven a sentir motivación por la vida después de ver a sus compañeros morir en combate.

Algunos conferencistas nunca más recuperaron su seguridad después de tener un ataque de pánico en público. Algunos deportistas no lograron repetir su desempeño luego de una cirugía correctiva o de reprobar el examen antidoping.

Algunas mujeres no volvieron a tener orgasmos después de ser violadas o de sufrir abuso sexual. Algunos hombres y mujeres nunca lograron entregarse después de ser traicionados por quien amaban.

Algunos periodistas enterraron su creatividad después de ser censurados por sus superiores. Algunos jóvenes bloquearon su inteligencia después de tener un pésimo desempeño en los exámenes y concursos.

Hay personas encantadoras que obstruyeron sus sueños a lo largo de la vida. Pero es preciso desenterrarlos mediante la superación de nuestros traumas, conflictos, focos de tensión. Nuestros sueños necesitan respirar de nuevo.

El presidente Franklin Roosevelt dijo que lo único a lo que se debe tener miedo es al propio miedo. Es necesario vencer el miedo evidente y principalmente el miedo sutil, el miedo al miedo, para alzar el vuelo de los sueños.

Riesgos que construyen

Quien quiera realizar sus sueños no debe esperar caminos sin bloqueos, victorias sin accidentes. A los 28 años, Jack

Welch, expresidente de General Electric y uno de los ejecutivos más soñadores y brillantes del mundo empresarial, causó una explosión en una fábrica al intentar desarrollar un nuevo producto.

El joven Jack podría haber obstruido su inteligencia, bloqueado su atrevimiento. Él comentó que se sentía una persona hundida y ansiosa. Era un desastre. Sin embargo, no renunció. Corrió nuevos riesgos para alcanzar su meta.

Si hubiera renunciado, probablemente su empresa no habría producido un tipo de plástico que le hizo ganar más de mil millones de dólares desde su lanzamiento. Luego de la derrota explosiva vino el éxito lento y consistente.

Disney Animation produjo memorables éxitos, como *El rey león* y *Los 101 dálmatas*. Pero también produjo un fracaso enorme con la película *El caldero mágico*. Su director de animación, Peter Schneider, comentó que su único consuelo es que no logrará producir nada peor que esa película.

Los errores, los fracasos, la incomprensión, generan lecciones únicas para quienes luchan por sus sueños. Depende de los verdaderos líderes, como los padres, educadores, ejecutivos, incentivar a quien fracasa a sacar sabiduría de sus experiencias dolorosas, en vez de cultivar la culpa.

Errar es una etapa de inventar, fallar es un peldaño de la creación. Por eso, la cultura de los exámenes en las escuelas de todo el mundo es errada. Quien acierta obtiene calificaciones altas, quien se equivoca es castigado con notas bajas. Esta política le falta el respeto a la riquísima pedagogía de prueba y error que ha promovido las grandes conquistas de la historia.

Si quien se equivoca es castigado, ese castigo queda registrado de manera privilegiada en el centro de la memoria a través del fenómeno RAM (registro automático de la memoria), obstruyendo la audacia y la inventiva.

Por otro lado, si quien comete el error es valorado y alentado, consigue ampliar los horizontes de la reflexión, incorporar nuevas experiencias y rehacer caminos. Recuerda que nos caímos muchas veces antes de aprender a caminar. Quien se equivoca tiene oportunidad de soñar con las conquistas, tiene más oportunidades de aprender y más gusto por la victoria. Éste es uno de los fundamentos de la inteligencia multifocal. Sin embargo, el miedo a equivocarse genera un "yo" sumiso, tímido e inseguro.

Para Miles Davis, un gran nombre en el jazz, que tocó en grandes orquestas y con los All Stars (una especie de *dream team* del jazz), no se debe temer a los errores, pues éstos no existen. Todo depende de cómo los enfrentes.

Ese músico entendió un fenómeno psicológico que el sistema educativo se resiste a entender hace siglos. Y, para mostrar que Miles Davis tenía razón, daré algunos ejemplos que tal vez te sorprendan.

Fleming descubrió la penicilina gracias a un hongo que contaminó el plato de cultivo que dejó destapado en el laboratorio. Acertó errando. Un error llevó a la producción de la penicilina, que ha salvado a millones de personas de la muerte y de dolores insoportables.

Roentgen descubrió los rayos X por un descuido en la manipulación de una placa fotográfica. Einstein tuvo que recuperar de la basura algunas anotaciones de las ecuaciones que lo llevaron a la teoría de la relatividad. Simon Campbell falló al no lograr desarrollar un nuevo medicamento para desobstruir las arterias en casos de angina, pero descubrió el Viagra.

En los cimientos de los grandes descubrimientos existen grandes fallas; en los cimientos de las grandes fallas existen grandes sueños de superación. Realizar los sueños implica riesgos, los riesgos implican decisiones, las decisiones implican errores.

Quien sueña no encuentra caminos sin obstáculos, lucidez sin perturbaciones, alegrías sin aflicción. Pero quien sueña vuela más alto, camina más lejos. Toda persona, desde la infancia hasta el último estadio de la vida, necesita soñar. Veamos.

Los sueños y las crisis en las relaciones sociales

No necesitarás los sueños para atravesar un pequeño conflicto con alguien, pero sí los necesitarás para superar tus tempestades emocionales, para vencer una crítica injusta, una calumnia, una discriminación, una deslealtad.

Necesitarás soñar con la ligereza de la vida para superar las decepciones causadas por los extraños y para vencer los resentimientos causados por las personas a las que amas.

Necesitarás soñar con la solidaridad para comprender los errores de los demás y perdonar sus actos insensatos, tener esperanza de que un día cambiarán. Necesitarás los sueños para entender que nadie puede dar lo que no tiene.

Los sueños y el trabajo

No necesitarás sueños para ser un trabajador común, masacrado por la rutina, que hace lo mismo todos los días y que sólo vive en función del salario a fin de mes.

Pero necesitarás muchos sueños para ser un profesionista que busca la excelencia, que amplía los horizontes de su inteligencia, que está atento a los pequeños cambios, que tiene el valor de corregir el rumbo, que tiene la capacidad de prevenir los errores, que tiene el atrevimiento para hacer de sus fallas y desafíos un crisol de oportunidades.

Necesitarás de los sueños para ver soluciones que nadie ve, para apostarle a aquello en lo que crees, para encantar a tus compañeros, para sorprender a tu equipo de trabajo.

Los sueños y las enfermedades físicas

No necesitas los sueños para vencer un resfriado, pero necesitarás muchos sueños para soportar con alegría una enfermedad crónica, para superar con coraje un cáncer, un infarto, un accidente. Necesitarás de sueños para creer en la vida y hacer de cada minuto un minuto eterno, incluso en la cama de un hospital.

Necesitarás soñar con los horizontes más altos de la calidad de vida para no transformarte en una máquina de trabajar y no destruirte por el estrés y la ansiedad. Necesitarás de sueños para repensar tu estilo de vida e invertir en aquello que amas.

Necesitarás de sueños afectivos para no fumar, para beber moderadamente, para no exponer tu vida frágil a riesgos en una carretera. A fin de cuentas, siempre existe alguien enamorado de ti y que sueña con vivir largos años a tu lado.

Los sueños y la edad

Quizá no necesites sueños mientras seas valorado socialmente y esté en plena forma profesional. Pero precisarás de sueños para ser creativo, atractivo y perspicaz después de tu retiro.

Necesitarás más sueños todavía para nunca jubilar tu mente y para transformar tu tercera edad en la fase más rica, tranquila y productiva de tu existencia. Necesitarás de ellos para leer, escribir, pintar, tomar cursos, contar historias, componer poemas, vivir aventuras.

Necesitarás de sabios sueños para gozar los mejores días de tu vida y hacer de la fase de pérdida de fuerza muscular un periodo de vigor mental y de disfrute de la sabiduría acumulada con los años.

Los sueños y la juventud

Jóvenes, ustedes no necesitarán sueños si optan por gastar el dinero de sus padres, explotarlos y creer que ellos están obligados a satisfacer sus deseos. Tampoco necesitarán sueños para decirles que son malos, anticuados, sobrepasados, controladores, impacientes, incomprensibles.

Pero necesitarán muchos sueños para buscar el oro que se esconde en el corazón de sus padres. Necesitarán de sueños para entender que ellos no les dieron todo lo que ustedes quisieron, pero dieron todo lo que pudieron. Necesitarán de los "sueños sabios" para entender y soportar los "no" de sus padres, pues los "no" de quien los ama los prepararán para soportar un día los "no" de la vida.

Necesitarán sueños para descubrir que sus padres perdieron noches de sueño para que ustedes durmieran tranquilos, derramaron lágrimas para que ustedes fueran felices, postergaron algunos sueños para que ustedes soñaran.

Según la ONU (Organización de las Naciones Unidas), el índice de desempleo entre los jóvenes es altísimo. Muchos no tendrán oportunidad en el mercado competitivo y agresivo. La situación empeora porque muchos no están preparados para atreverse, crear, emprender. Pero no tengan miedo. Sepan que sus padres y otras personas apuestan por ustedes, a pesar de sus fallas; creen en ustedes, a pesar de sus defectos.

Por eso, ahora, ustedes necesitan sueños grandiosos para enfrentar la vida con el corazón abierto, prepararse para trabajar sus miedos, vencer sus crisis, superar su pasividad y amar los retos. Así, escaparán del rol de los frustrados, saldrán de la sombra de sus padres y construirán su propia historia.

Los sueños y los padres

Los padres y madres no tienen necesidad de soñar para señalar las fallas de sus hijos, dar sermones, regañar, tener crisis de ansiedad, criticarlos, compararlos con otros jóvenes, funcionar como un manual de reglas.

Pero necesitarán muchos sueños para encantarlos, sorprenderlos y enseñarles a pensar. Necesitarán de innumerables sueños para que ellos aprendan a amarlos y no a usarlos, a admirarlos y no a temerles.

Necesitarán soñar con la sabiduría para pedir disculpas a sus hijos cuando se equivoquen, los agredan, fallen, juzguen, pierdan la paciencia con ellos. De esta forma, sus hijos aprenderán a lidiar con sus propias fallas, agresividad e intolerancia.

Necesitarán soñar con la madurez mental para cruzar su mundo con el de ellos, para dejarlos conocer sus fracasos, sus lágrimas, sus retrocesos, su osadía. Para no transformarlos en jóvenes tímidos, no sobreprotegerlos y no atiborrarlos de actividades, sino dejarlos jugar, aventurarse, inventar.

Necesitarán sueños para saber que sus hijos requieren mucho más de sus caricias, sus besos, sus elogios, su historia de vida, que de su dinero, de ropa de marca, de computadoras y videojuegos.

Los sueños y los maestros

Maestros, ustedes no necesitarán sueños para tener elocuencia, metodología, conocimiento lógico. No necesitarán sueños para gritarles a los alumnos, pedir silencio en el salón de clases, decirles que no tendrán futuro si no estudian.

Pero necesitarán sueños para transformar el salón de clases en un entorno placentero y atractivo, que educa la emoción de sus alumnos, que los saca de la condición de espectadores pasivos para convertirse en actores en el teatro de la educación.

Necesitarán de sueños para esculpir en sus alumnos el arte de pensar antes de reaccionar, de la ciudadanía, la solidaridad, para que aprendan a extraer seguridad en la tierra del miedo, esperanza en la desolación, dignidad en las pérdidas.

Necesitarán sueños para ser poetas de la vida y creer en la educación, a pesar de que las sociedades modernas los pongan en uno de los últimos lugares en sus prioridades.

Necesitarán de sueños espectaculares para tener la convicción de que ustedes son artesanos de la personalidad y saber que sin ustedes nuestra especie no tiene esperanza, nuestras primaveras no tienen golondrinas, nuestro aire no tiene oxígeno, nuestra inteligencia no tiene salud.

Los sueños y los conflictos afectivos

No necesitarás sueños para superar una pequeña tristeza o un momento de ansiedad. Pero necesitarás sueños espectaculares para vencer una crisis depresiva, el desánimo, la falta de valor para vivir, y así, creer que todo trastorno mental, por más dramático que sea, puede ser superado.

Necesitarás de sueños que exalten la grandeza de la vida para superar un síndrome de pánico, un trastorno obsesivo, una enfermedad psicosomática, un estrés postraumático generado por un accidente o una crisis financiera. Solamente los sueños nos ayudan a soportar una pérdida irreparable. Ellos lubrican los ojos del corazón; hacen que una madre que perdió a un hijo lo vea jugando en la eternidad.

Necesitarás de sueños para no ser esclavo de la culpa, prisionero del pasado, siervo de las preocupaciones del futuro. Necesitarás de ellos para salir de la audiencia, rescatar el liderazgo de tu "yo", dejar de ser víctima de tus miserias psíquicas, reeditar la película del inconsciente y convertirte en el autor de tu propia historia.

Necesitarás sueños simples para exigirte menos a ti mismo y a las personas que te rodean; para elogiar, jugar, cantar y comprender más. Además, necesitarás muchos sueños para burlarte de tus miedos, burlarte de tu inseguridad, reírte de tus manías y, así, vivir relajada y apaciblemente en esta bella y turbulenta existencia.

Es preciso soñar

Sin sueños, las piedras del camino se vuelven montañas, los pequeños problemas parecen insuperables, las pérdidas son insoportables, las decepciones se convierten en golpes fatales y los retos se transforman en fuente de miedo.

Decía Voltaire que los sueños y la esperanza nos fueron dados como compensación por las dificultades de la vida. Pero tenemos que comprender que los sueños no son deseos superficiales. Los sueños son brújulas del corazón, son proyectos de vida. Los deseos no soportan el calor de las dificultades. Los sueños resisten las más altas temperaturas de los problemas. Renuevan la esperanza cuando el mundo se derrumba sobre nosotros.

John F. Kennedy dijo que necesitamos seres humanos que sueñen con lo que nunca fueron. Su pensamiento tiene fundamento, pues los sueños abren las ventanas de la mente, airean la emoción y producen un agradable romance con la vida.

Quien no vive un romance con su vida será un miserable en el territorio de la emoción, así viva en mansiones, tenga autos lujosos, viaje en primera clase en los aviones y sea aplaudido por el mundo.

Necesitamos perseguir nuestros más bellos sueños. Renunciar es una palabra que debe ser eliminada del diccionario de quien sueña y desea conquistar, aunque no alcance todas sus metas. No olvides que vas a fallar 100 por ciento de las veces en que no lo intentes, vas a perder 100 por ciento de las veces en que no lo procures, vas a estancarte 100 por ciento de las veces en que no te atrevas a caminar.

Como dice Raúl Seixas, el filósofo de la música: "Ten fe en Dios, ten fe en la vida, inténtalo otra vez...". Si sueñas, podrás sacudir al mundo; por lo menos, tu mundo...

Si tuvieras que renunciar a algunos sueños, cámbialos por otros. Pues la vida sin sueños es un río sin naciente, una playa sin olas, una mañana sin rocío, una flor sin perfume.

Sin sueños, los ricos se deprimen, los famosos de aburren, los intelectuales se vuelven estériles, los libres se tornan esclavos, los fuertes se hacen tímidos. Sin sueños, el coraje se disipa, la inventiva se agota, la sonrisa se vuelve una farsa, la emoción envejece.

Libera tu creatividad. Sueña con las estrellas, para poder pisar la Luna. Sueña con la Luna, para poder pisar las montañas. Sueña con las montañas, para pisar sin miedo en los valles de tus pérdidas y frustraciones.

A pesar de nuestros defectos, necesitamos comprender que somos perlas únicas en el teatro de la vida, y entender que no existen personas exitosas o personas fracasadas. Lo que existe son personas que luchan por sus sueños o que renuncian a ellos. Por eso, deseo sinceramente que tú...

¡NUNCA RENUNCIES A TUS SUEÑOS!

Bibliografía

Alencar, Soriano. *Psicologia e educação do superdotado*. São Paulo, E.P.U., 1986.

Adorno, T. *Educação e emancipação*. Río de Janeiro, Paz e Terra, 1971.

Chauí, Marilena. *Convite à Filosofia*. São Paulo, Ática, 2000.

Cury, Augusto J. *Inteligência Multifocal*. São Paulo, Cultrix, 1998.

_____. *Análise da Inteligência de Cristo*. São Paulo, Academia de Inteligência, 2001.

_____. *Revolucione sua qualidade de vida*. Río de Janeiro, Sextante, 2002.

_____. *Padres brillantes, maestros fascinantes*. México, Océano, 2022.

_____. *Doze semanas para mudar uma vida*. São Paulo, Academia de Inteligência, 2004.

Durant, Will. *História da Filosofia*. Río de Janeiro, Nova Fronteira, 1996.

Gardner, Howard. *Inteligências múltiplas*. Porto Alegre, Artes Médicas, 1995.

Goleman, Daniel. *Inteligência emocional*. Río de Janeiro, Objetiva, 1996.

Foucault, Michel. *A doença e a existência. Doença mental e psicologia*. Río de Janeiro, Folha Carioca, 1998.

Freud, Sigmund. *Obras psicológicas completas de Sigmund Freud*. Río de Janeiro, Imago, 1969.

Morin, Edgar. *Os sete saberes necessários à educação do futuro*. São Paulo, Cortez/Unesco, 2000.

Nietzsche, F. *Humano demasiado humano*. Lisboa, Relógio D'Água, 1997.

Freire, Paulo. *Pedagogia da autonomia: saberes necessários à prática educativa*. 7ªed. Río de Janeiro, Paz e Terra, 1998.

Jung, Carl Gustav. *A psicologia do inconsciente. Obras completas*. Petrópolis, Vozes, 1998.

Kaplan, Harold I., Sadoch Benjamin, J. y Grebb, J.A. *Compêndio de psiquiatria: ciência do comportamento e psiquiatria clínica*. Artes Médicas. Porto Alegre, 1997.

Piaget, Jean. *Biologia e conhecimento*. 2ª ed. Petrópolis, Vozes, 1996.

Platón. "República. Libro VII", en *Obras completas*, edición bilingüe. París, Les Belles Lettres, 1985.

Ricoeur, P. *L'Homme Falible*. París, Seuil, 1960.

Sartre, Jean-Paul. *O ser e o nada. Ensaio de antologia*. Petrópolis, Vozes, 1997.

Vigotsky, L. *A formação social da mente*. São Paulo, Martins Fontes, 1987.

Esta obra se imprimió y encuadernó
en el mes de octubre de 2022,
en los talleres de Impregráfica Digital, S.A. de C.V.,
Insurgentes Sur 1425–20, Col. Insurgentes Mixcoac,
C.P. 03920, Benito Juárez, Ciudad de México.